Kohlhammer

Fördern lernen – Prävention
Herausgegeben von
Stephan Ellinger

Band 21

Oliver Hechler

Hilfen zur Erziehung

Einführung in die außerschulische Erziehungshilfe

Verlag W. Kohlhammer

Alle Rechte vorbehalten
© 2011 W. Kohlhammer GmbH Stuttgart
Umschlag: Gestaltungskonzept Peter Horlacher
Umschlagmotiv: © istockphoto.com/Steve Debenport
Gesamtherstellung:
W. Kohlhammer Druckerei GmbH + Co. KG, Stuttgart

ISBN 978-3-17-021805-5

Vorwort des Reihenherausgebers

Die Reihe *Fördern lernen* umfasst drei klare thematische Schwerpunkte. Es sollen erstens die wichtigsten *Förderkonzepte und Fördermaßnahmen* bei den am häufigsten vorkommenden Lern- und Verhaltensstörungen dargestellt werden. Zweitens gilt es, die wesentlichen Grundlagen pädagogischer Beratungsarbeit und die wichtigsten *Beratungskonzepte* zu diskutieren, und drittens sollen zentrale *Handlungsfelder pädagogischer Prävention* übersichtlich vermittelt werden. Dabei sind die Bücher dieser Reihe in erster Linie gut lesbar und unmittelbar in der Praxis einzusetzen.

Im *Schwerpunkt Intervention* informiert jeder einzelne Band (1–9) in seinem ersten Teil über den aktuellen Stand der Forschung und entfaltet theoriegeleitet Überlegungen zu Interventionen und Präventionen. Im zweiten Teil eines Bandes werden dann konkrete Maßnahmen und erprobte Förderprogramme vorgestellt und diskutiert. Grundlage für diese Empfehlungen sollen zum einen belastbare empirische Ergebnisse und zum anderen praktische Handlungsanweisungen für konkrete Bezüge (z. B. Unterricht, Freizeitbetreuung, Förderkurse) sein. Schwerpunkt des zweiten Teils sind also die Umsetzungsformen und Umsetzungsmöglichkeiten im jeweiligen pädagogischen Handlungsfeld.

Die Bände im *Schwerpunkt Beratung* (10–15) beinhalten im ersten Teil eine Darstellung des Beratungskonzeptes in klaren Begrifflichkeiten hinsichtlich der Grundannahmen und der zugrundeliegenden Vorstellungen vom Wesen eines Problems, den Fähigkeiten des Menschen usw. Im zweiten Teil werden die Methoden des Beratungsansatzes anhand eines oder mehrerer fiktiver Beratungsanlässe dargestellt und erläutert, so dass Lehrkräfte und außerschulisch arbeitende Pädagogen konkrete Umsetzungen vornehmen können.

Die Einzelbände im *Schwerpunkt Prävention* (16–21) wenden sich *allgemeinen Förderkonzepten und Präventionsmaßnahmen* zu und erläutern praktische Handlungshilfen, um Lernstörungen, Verhaltensstörungen und prekäre Lebenslagen vorbeugend zu verhindern.

Die Zielgruppe der Reihe *Fördern lernen* bilden in erster Linie Lehrkräfte und außerschulisch arbeitende Pädagogen, die sich entweder auf die Arbeit mit betroffenen Kindern vorbereiten oder aber schnell und umfassend gezielte Informationen zur effektiven Förderung oder Beratung von Betroffenen suchen. Die Buchreihe eignet sich auch für die pädagogische Ausbildung und als Zugang für Eltern, die sich nicht auf populärwissenschaftliches Halbwissen verlassen wollen.

Die Autorinnen und Autoren wünschen allen Leserinnen und Lesern ganz praktische *Aha*-Erlebnisse!

Stephan Ellinger

Einzelwerke in der Reihe *Fördern lernen*

Intervention
Band 1:   Förderung bei sozialer Benachteiligung
Band 2:   Förderung bei Lese-Rechtschreibschwäche
Band 3:   Förderung bei Rechenschwäche
Band 4:   Förderung bei Gewalt und Aggressivität
Band 5:   Förderung bei Ängstlichkeit und Angststörungen
Band 6:   Förderung bei ADS/ADHS
Band 7:   Förderung bei Sucht und Abhängigkeiten
Band 8:   Förderung bei kulturellen Differenzen
Band 9:   Förderung bei Hochbegabung

Beratung
Band 10: Pädagogische Beratung
Band 11: Lösungsorientierte Beratung
Band 12: Kontradiktische Beratung
Band 13: Kooperative Beratung
Band 14: Systemische Beratung
Band 15: Personzentrierte Beratung

Prävention
Band 16: Berufliche Eingliederung
Band 17: Förderung der Motivation bei Lernstörungen
Band 18: Schulische Prävention im Bereich Lernen
Band 19: Schulische Prävention im Bereich Verhalten
Band 20: Resilienz
Band 21: Hilfen zur Erziehung

Inhalt

1	**Einleitung**	9

2	**„Hilfen zur Erziehung"**	16
2.1	Zur Geschichte der Erziehungshilfen	16
2.2	Adressaten der Erziehungshilfe	18
2.3	Kindeswohl, Kindeswohlgefährdung, erzieherischer Bedarf und Hilfeplan als zentrale Begriffe der Erziehungshilfe	20
2.4	„Hilfen zur Erziehung"	28

3	**„Erziehung" als Grund- und Leitbegriff der erzieherischen Hilfen**	34
3.1	Anthropologische Begründung von Erziehung	40
3.2	Erziehung in formaler Hinsicht	42
3.3	Elemente der Erziehung	46
3.4	Die Sphären der Erziehung	58
3.5	Die Ethik der Erziehung	61
3.6	Erziehung – eine vorläufige Zusammenfassung	65
3.7	Exkurs: Erziehung als Entwicklungspädagogik	66
3.8	Erziehen als Beruf	75

4	„Hilfen zur Erziehung" in pädagogischer Hinsicht	78
4.1	Kindeswohl, Kindeswohlgefährdung, erzieherischer Bedarf und Hilfeplan	79
4.2	„Hilfen zur Erziehung"	85
4.2.1	Erziehungsberatung	89
4.2.2	Soziale Gruppenarbeit	97
4.2.3	Erziehungsbeistand und Betreuungshelfer	102
4.2.4	Sozialpädagogische Familienhilfe	105
4.2.5	Erziehung in einer Tagesgruppe	111
4.2.6	Vollzeitpflege	114
4.2.7	Heimerziehung, sonstige betreute Wohnform	121
4.2.8	Intensive Sozialpädagogische Einzelbetreuung	137
4.3	Synopse	139

5	Abschließende Bemerkungen	144

Literatur	146
Verwendete Gesetzestexte	148

1
Einleitung

Pädagogisches Handeln ist überwiegend *professionelles Handeln in Organisationen*. Freie pädagogische Berufstätigkeit findet sich fast überwiegend nur im Bereich der Beratung – und hier ist insbesondere die Supervision als berufsbezogene Beratung zu nennen – und der Psychotherapie, wobei hier fast ausschließlich die Kinder- und Jugendlichenpsychotherapie gemeint ist. Bleibt die supervisorische Tätigkeit des Pädagogen noch der pädagogischen Praxis, also dem der Pädagogik zuzurechnenden Bereich der (Fort-)Bildung verbunden, so ist die Durchführung heilkundlicher Kinder- und Jugendlichenpsychotherapie berufs- und sozialrechtlich dem medizinischen Versorgungsmodell nachgebildet und der psychotherapeutisch tätige Pädagoge bewegt sich damit im öffentlichen Gesundheitswesen und der gesetzlichen bzw. privaten Krankenversicherung, die im Sozialgesetzbuch V (SGB V) geregelt ist und die sich entsprechend vom Erziehungs- und Bildungswesen unterscheidet.

Blickt man also auf die gesellschaftliche Organisation und institutionelle Rahmung pädagogischer Berufstätigkeit, dann lässt sich feststellen, dass – neben der Schule, die hier als Feld pädagogischer Berufstätigkeit nicht weiter ausgeführt wird – der weite Bereich der Kinder- und Jugendhilfe im Allgemeinen und die hier verorteten „Hilfen zur Erziehung" (im Folgenden werden die „Hilfen zur Erziehung" in Anführungszeichen gesetzt, da es sich um einen feststehenden Begriff handelt) im Besonderen *den* Tätigkeitsbereich professioneller Pädagogen schlecht hin abgeben.

Der pädagogischen Berufstätigkeit im Rahmen der Kinder- und Jugendhilfe kann deswegen so große Bedeutung zugesprochen werden, weil sie gesetzlich durch das Sozialgesetzbuch VIII (SGB VIII) geregelt ist und dieses damit den Handlungsrahmen *und* die Berechtigungsgrundlage pädagogischen Handelns abgibt.

Auf den ersten Blick kann pädagogisches Handeln im Rahmen des SGB VIII somit mit ärztlichem Handeln im Kontext des SGB V verglichen werden, wobei selbstverständlich auch außerhalb der genannten Gesetzesgrundlagen pädagogisch bzw. ärztlich gehandelt werden kann. Die Bedeutung der gesetzlich geregelten Kinder- und Jugendhilfe besteht aber gerade darin – und hier gibt es ebenso eine Parallele zum SGB V –, dass damit der *gesellschaftliche Zentralwert von Erziehung und Bildung* und die damit verbundenen *Bedarfe nach Erziehung* vom Gesetzgeber anerkannt werden. Das Kinder- und Jugendhilfegesetz (KJHG, SGB VIII) unterstreicht das Recht des jungen Menschen „auf Förderung seiner Entwicklung und auf Erziehung zu einer eigenverantwortlichen und gemeinschaftsfähigen Persönlichkeit" (§ 1 Abs. 1 SGB VIII). Das heißt, Kinder und Jugendliche haben ein *Recht auf Erziehung*, und über die Erziehung und Pflege der Kinder und Jugendlichen wacht die staatliche Gemeinschaft, was nichts anderes heißt, dass Eltern und andere Sorgeberechtigte eine Fürsorge*pflicht* gegenüber ihren Kindern haben und die Gemeinschaft und der Gesetzgeber darüber wachen, ob die Sorgeberechtigten dieser Pflicht auch angemessen nachkommen.

In diesem Sinne hält das Kinder- und Jugendhilfegesetz – neben weiteren Aufgaben der Jugendhilfe – eine ganze Reihe von „Hilfen zur Erziehung" bereit, die dann zum Einsatz kommen, wenn eine dem Wohl des Kindes nicht zuträgliche Erziehung vorliegt.

Wenn von einer dem Wohl des Kindes nicht förderlichen Erziehung gesprochen wird, dann ist damit zumeist die Erziehung gemeint, die in und durch die Familie stattfindet. Wenn es also den Personensorgeberechtigten, zumeist den Eltern, aus welchen Gründen auch immer, nicht, nicht mehr oder nicht ausreichend gelingt, eine Erziehung zu realisieren, die dem Wohl des Kindes entspricht, können „Hilfen zur Erziehung" in Anspruch genommen oder aber auch durchgesetzt werden. Diese erzieherischen Hilfen umfassen pädagogische und therapeutische Leistungen (vgl. §27 Abs. 3 SGB VIII) und reichen von Erziehungsberatung, über Soziale Gruppenarbeit, Erziehungsbeistand, Sozialpädagogische Familienhilfe, Erziehung in einer Tagesgruppe, Vollzeitpflege Heimerziehung bis hin zur Intensiven Sozialpädagogischen Einzelfallbetreuung. Dem Kind, dem Jugendlichen und seinen Eltern soll so geholfen werden, eine Erziehungspraxis (wieder) herzustellen, die die bestmöglichste Entfaltung der Entwicklungspotentiale des jungen Menschen in Aussicht stellt.

Wie anhand dieser kurzen Ausführungen, die sich auf das KJHG beziehen, schon deutlich wird, werden Begrifflichkeiten durch den Gesetzgeber eingeführt, die zwar einerseits die Grundlage und die Begründung für pädagogisches und auch für in die Autonomie der familialen Lebensführung eingreifendes Handeln abgeben, die aber andererseits so überdeterminiert sind, dass es notwendig wird, um begründet fachlich handeln zu können, diese Begriffe in einer Weise zu konkretisieren und in ihrer Bedeutung pädagogisch „auszubuchstabieren", dass sie einem fachlichen Diskurs zugänglich werden und damit im Grunde jeder fachlich Beteiligte eine genaue Vorstellung von der Bedeutung und den Konsequenzen der im KJHG verwendeten Begrifflichkeiten haben sollte.

Die Praxis der Erziehungshilfe spricht dagegen eine andere Sprache (Urban, 2004; vgl. Peters, 1999). So ist eben häufig nicht klar, was zum Beispiel mit dem Begriff „Kindeswohl" gemeint und wie dieser zu konzeptualisieren ist. Gleichwohl ist aber gerade das Kindeswohl und dessen mögliche oder manifeste Gefährdung Dreh- und Angelpunkt und insbesondere Ausgangspunkt jedweder pädagogischer Bemühungen im Rahmen der staatlichen Kinder- und Jugendhilfe. Erst die Bestimmung des Kindeswohls und seiner (möglichen) Gefährdungen versetzen den Pädagogen in die Lage, eine fachlich, das heißt, pädagogisch begründete Einschätzung eines erzieherischen Bedarfs (Diagnose) vorzunehmen, der dann eine pädagogische Indikationsstellung hinsichtlich der dem erzieherischen Bedarfs des Kinder bzw. der Eltern angemessenen Hilfe zur Erziehung erlaubt. Es geht also immer zunächst um die Frage, ob überhaupt eine die kindliche Entwicklung hemmende oder schädigende Erziehung vorliegt und wenn ja, wie die in die Krise geratene Erziehungspraxis pädagogisch zu verstehen ist, um dann zu einer fachlich begründeten Entscheidung hinsichtlich der einzusetzenden „Hilfen zur Erziehung" zu gelangen.

Das medizinisch bewährte und begründete Procedere, das jedem, der schon mal beim Arzt war, bekannt ist – man geht wegen Beschwerden zum Arzt, dieser stellt dann eine Erkrankung oder Symptome mit Krankheitswert fest, diagnostiziert diese und leitet dann die auf die Diagnose bezogene Behandlung (Indikation und Therapie) ein –, können die erzieherischen Hilfen für sich nicht in Anspruch nehmen. Sowohl die sozialpädagogische Diagnose als auch die Bestimmung der geeigneten Hilfen und deren Umsetzung folgen nicht selten Kriterien, die nichts mit Pädagogik und nichts mit der fachlich begründeten Logik des besseren Arguments zu tun haben. Im Grunde bleibt es jedem verantwortlichen (Sozial-)Pädagogen selbst überlassen, wie er den erzieherischen Bedarf einschätzt und welche Schlüsse er daraus zieht, und man kann nur hoffen, dass er über genügend Fachwissen verfügt, die problematische Erziehungssituation pädagogisch oder überhaupt in irgend einer Weise fachlich begründet zu deuten. Überwiegend jedoch wird die Deutung der problematischen erzieherischen Situation mit eklektizistisch zusammengesetztem (Halb-)Wissen aus Psychologie, Psychotherapie und einer gehörigen Portion eines scheinbar vernünftigen Alltagsverstehens zu Wege gebracht und ist deswegen in hohem Maße personalisiert. Dass diese Deutungen nicht selten schief gehen, lässt sich dann anhand der Berichterstattung durch die Medien aufzeigen. Dass erzieherische Bemühungen keinen Erfolg zeigen, also nicht das gelernt wird, was gelernt werden soll, ist nicht so sehr das Problem. Vielmehr kommt es darauf an, den Lern- bzw. den Erziehungsbedarf nachvollziehbar, pädagogisch begründet eingeschätzt und hierauf dann bezogen die erzieherischen Bemühungen gerichtet zu haben. Wenn es dem Pädagogen gelingt, diesen Sachverhalt pädagogisch darzustellen, kann man auch im Fall des Scheiterns der erzieherischen Bemühungen im engeren Sinne nicht von einem pädagogischen Kunstfehler sprechen. Dieser ist aber sofort dann gegeben, wenn es dem Pädagogen nicht gelingt, sein Verstehen, Denken und Handeln nachträglich pädagogisch zu begründen.

An der skizzierten Deutungsschwäche ändert sich auch nichts durch die Verpflichtung, maßgebliche Entscheidungen im Rahmen der Kinder- und Jugendhilfe im Fachteam der Sozialpädagogen und Sozialarbeiter zu treffen, denn das strukturelle Problem, also die Frage danach, wie die Erziehungssituation begründet und nachvollziehbar pädagogisch verstanden werden kann, bleibt davon unberührt.

Im Grunde ist dieses Umsetzungsproblem der wirklich vorbildlichen Gesetzgebung aber auch gar nicht verwunderlich, denn zum einen waren die „Väter" und „Mütter" des Kinder- und Jugendhilfegesetzes überwiegend Juristen und nicht Pädagogen (vgl. Wiesner et al., 2006). Und zum anderen kann der gesetzliche Rahmen auch gar nichts anderes sein als eine Form, die inhaltlich ausgestaltet werden muss – sowohl prinzipiell als auch einzelfallbezogen. Denn so wenig wie das SGB V dem Arzt bei der Behandlung seiner Patienten und das Schulgesetz dem Lehrer beim Unterrichten seiner Schüler in der jeweils konkreten Behandlungs- bzw. Unterrichtspraxis weiterhilft, so wenig helfen Begriffe wie „Wohl des Kindes", „erzieherischer Bedarf" und „Hilfen zur Erziehung" dem zum erziehungspraktischen Verstehen und Handeln verpflichteten Pädagogen im Kontext der Kinder- und Jugendhilfe. Kann sich der Arzt auf die medizinische Theorie und seine ärztliche Kunst verlassen, und verfügt die schulische Erziehung über eine Theorie der Schule und des Unterrichts und über eine Didaktik des Unterrichts, so fehlt diese theoretische Durchdringung der „Hilfen zur Erziehung" mit Ausnahmen (Frommann, 2001, 2009; Winkler, 2001) fast völlig. Insofern ist es auch nicht verwunderlich, dass die Begründung und die Durchführung von „Hilfen zur Erziehung" entweder auf eine semi-professionelle Basis gestellt oder aber durch andere Professionen oder zumindest durch in Dienstnahme des professionellen Wissens von anderen Professionen durchgeführt werden. Dass durch diese Praxis die für professionelle Tätigkeiten konstitutive Verpflichtung zur nachträglichen Begründung immens erschwert wird, versteht sich von selbst.

In diesem Sinne verfolgt das Buch in gebotener Kürze das Anliegen einer praxisorientierten Einführung in die „Hilfen zur Erziehung" aus pädagogischer Sicht. Hierzu wird zunächst die Geschichte der Erziehungshilfe kurz nachgezeichnet, ein Blick auf die Adressaten der erzieherischen Hilfen gerichtet und ein Überblick über die unterschiedlichen „Hilfen zur Erziehung" gegeben (Kapitel 2).

Anschließend wird Erziehung als Grund- und Leitbegriff der „Hilfen zur Erziehung" ausformuliert. So wird es möglich, den Kern der erzieherischen Hilfen pädagogisch in Theorie und Praxis zu fassen (Kapitel 3).

Abschließend werden dann die bereits in Kapitel 2 kurz vorgestellten unterschiedlichen „Hilfen zur Erziehung" auf eine pädagogische Basis gestellt, die Auskunft über die sinnvolle Ausgestaltung und Umsetzung der jeweiligen Hilfe gibt. Zum besseren Verständnis werden die jeweiligen „Hilfen zur Erziehung" mit Praxisbeispielen veranschaulicht (Kapitel 4).

Ganz zum Schluss werden die Ausführungen noch einer kurzen kritischen Diskussion unterzogen (Kapitel 5).

Die Form einer praxisorientierte Einführung bringt es mit sich, einige Facetten der Thematik auszusparen oder stark vereinfacht darzustellen. Insofern sei der interessierte Leser, der sich tiefer gehend und umfassender mit der Thematik auseinander setzen möchte, auf das von Vera Birtsch, Klaus Münstermann und Wolfgang Trede herausgegebene Werk „Handbuch Erziehungshilfen" (2001) verwiesen. Hier wird ein guter Überblick über das weite Feld der „Hilfen zur Erziehung" geboten, der Orientierung und vertiefende Lektüre ermöglicht. Darüber hinaus bietet das Buch von Erwin Jordan (2005) „Kinder- und Jugendhilfe" einen über die „Hilfen zur Erziehung" hinausreichenden Blick auf die komplette Kinder- und Jugendhilfe. Und abschließend sei noch auf Mechthild Seithe (2001) verwiesen, die mit ihrem Buch „Praxisfeld: Hilfen zur Erziehung" die besondere Fachlichkeit, die in diesem Feld von Nöten ist, in den Blick nimmt und so eine praxisorientierte Ergänzung zu den beiden oben genannten Übersichtswerken darstellt.

Dem geneigten Leser, der sich speziell für die pädagogische Diagnostik im Rahmen der Kinder- und Jugendhilfe interessiert, sei das „Multiaxiale Diagnosesystem Jugendhilfe (MAD-J)" von André Jacob und Karl Wahlen (2006) ans Herz gelegt. Hierin werden fast alle gängigen Konzepte der sozialpädagogischen Diagnostik diskutiert und ein eigenständiges Konzept entwickelt. Das, was darin fehlt, ist der Ansatz der sozialpädagogischen Diagnose von Mollenhauer und Uhlendorff (vgl.

Mollenhauer & Uhlendorff, 2000, 2004; Uhlendorff, 2010), der dem Diagnosesystem wahrscheinlich zu hermeneutisch ist.

Was die Adressaten des vorliegenden Buchs anbelangt, so wendet es sich zunächst an Lehrerinnen und Lehrer aller Altersstufen und Schularten, da der Zusammenarbeit von Schule und Jugendhilfe eine enorme Bedeutung zugesprochen werden muss und hierfür fundierte Kenntnisse des Fachgebiets des jeweiligen Kooperationspartners unabdingbar sind (vgl. Ellinger, 2010). Im Grunde plädiert das Buch zum einen für die Überwindung der Trennung in schulische und außerschulische Lernhilfen und damit konsequenterweise zum anderen für die Überwindung der Trennung von schulischer und außerschulischer Erziehung, was nichts anderes heißt, als die Forderung nach einem „erziehenden Unterricht" (Herbart, 1806), also einem Unterricht, der sich grundsätzlich als Erziehung versteht.

Darüber hinaus wendet sich das Buch an Studierende der Sonder- und Sozialpädagogik sowie an bereits in der Praxis stehende Pädagoginnen und Pädagogen, die sich über ihr Handeln im Rahmen der Kinder- und Jugendhilfe ergänzende Klarheit verschaffen und das Buch als Reflexionshilfe nutzen wollen.

Obwohl im Bereich der Erziehung überwiegend Frauen tätig sind, wird im folgenden Text zumeist die männliche Schreibweise gewählt. Diese Entscheidung ist einerseits der besseren Lesbarkeit und andererseits dem Sachverhalt geschuldet, dass es sich bei Erziehern, Sozialpädagogen, Lehrern etc. ausschließlich um Funktionsbezeichnungen handelt. Die Personen, die in den Praxisbeispielen dargestellt werden, treten dort allerdings als Mann oder Frau in Erscheinung.

2

„Hilfen zur Erziehung"

Eine Annäherung an das Praxisfeld „Hilfen zur Erziehung" geschieht zunächst durch einen kurzen Blick auf die Geschichte der Erziehungshilfe. Hieran schließen Überlegungen zu den Adressaten der erzieherischen Hilfen an, um dann die zentralen Begrifflichkeiten in den Fokus zu nehmen, die letztendlich die Bezugspunkte für die konkreten „Hilfen zur Erziehung" abgeben.

2.1 Zur Geschichte der Erziehungshilfen

Die Geschichte der „Hilfen zur Erziehung" ist auf der einen Seite nicht leicht zu rekonstruieren, weil es immer auch um die Entwicklungs- und Theoriegeschichte einzelner „Hilfen zur Erziehung" geht. So weisen beispielsweise die Erziehungsberatung (Hundsalz, 1995) und die Soziale Gruppenarbeit (Konopka, 1969) eigenständige Traditionslinien auf,

Zur Geschichte der Erziehungshilfen

die im Grunde auch eine eigene Geschichtsschreibung nötig machen. Darüber hinaus, und das darf bis heute nicht vergessen werden, ist die Geschichte der erzieherischen Hilfen immer auch eine sozialpolitische Geschichte und weist auf das in der betreffenden Epoche maßgebliche politische Klima hin.

Auf der anderen Seite aber lassen sich grob Entwicklungsphasen der erzieherischen Hilfen identifizieren, die einen Überblick ermöglichen. Im Grunde lässt sich mit Hinblick auf Deutschland die Zeit zwischen 1878 und 1922 als *„Gründerzeit der Jugendhilfe"* (Trede, 2009, S. 26, kursiv nicht im Original) auffassen. In dieser Zeit entwickelte sich eine erste systematisch zu nennende öffentliche Fürsorgeerziehung, die allerdings eher den Auftrag hatte, den immer mehr aufkommenden Typ des proletarischen Jugendlichen unter Kontrolle zu halten. Diese Form der Fürsorge richtete ihr Augenmerk auf die entwicklungspsychologisch und pädagogisch-erzieherisch relevante Zeit der Adoleszenz, die ihrerseits in das damalige gesellschaftliche Vakuum zwischen Schule und Militärdienst fiel. Um die pubertär-adoleszente Dynamik kontrollieren zu können, hatte die Fürsorgeerziehung entsprechend auch einen fast ausschließlichen Zwangscharakter und war mit einer totalen Institution (Goffmann, 1973) vergleichbar. Gleichwohl darf aber auch nicht unerwähnt bleiben, dass in diese Zeit auch die Entstehung erster Jugendämter fiel und damit eine Verberuflichung der Jugendfürsorgetätigkeit einsetzte. Diese Entwicklung fand dann mit der Etablierung des *Reichsjugendwohlfahrtsgesetzes* 1922 einen ersten vorläufigen Abschluss. Der sich an diese Zeit anschließende *Nationalsozialismus* setzte dann allen aufkommenden emanzipatorischen öffentlich-erzieherischen Hilfen – wie etwa die Erziehungsberatung – ein deutliches Ende. Nicht mehr Aufklärung, Unterstützung und Hilfe waren die Leitkategorien erzieherischer Hilfen, sondern vielmehr die Selektion und Differenzierung der Kinder und Jugendlichen in erziehbar, schwer erziehbar und unerziehbar. Für die Sonderpädagogik galt entsprechend die Differenzierung in bildbare und unbildbare Menschen. In der auf den Nationalsozialismus folgenden so genannten *restaurativen Phase* knüpften die „Hilfen zur Erziehung" aus Mangel an Alternativen sowohl an das Reichsjugendwohlfahrtsgesetz als auch an die damit verbundenen traditionellen Formen der Anstaltserziehung an. Erst das Aufkommen der *Kinderdorfbewegung* (vgl. Honsal, 2009) in den 1950er Jahren und die

Konzeptualisierung und Gründung *heilpädagogischer Heime* (vgl. Möckel, 2007) ungefähr zur gleichen Zeit führten zu einer einsetzenden Professionalisierung, die, ausgelöst durch die Heimkampagne im Sommer und Herbst 1969, letztendlich einen tief greifenden Reformprozess in Gang setzte. Als Meilenstein dieser Entwicklung kann der Zwischenbericht der Kommission Heimerziehung aus dem Jahr 1977 gewertet werden. Hierin wird schon das Programm einer modernen Jugendhilfe grundgelegt. Ihre Entfaltung und Umsetzung fand diese Programmatik allerdings erst 1991, als das bis heute gültige *Kinder- und Jugendhilfegesetz* (KJHG, SGB VIII) in Kraft trat und damit auch das Jugendwohlfahrtsgesetz von 1922 in der Fassung von 1966 ablöste. Seit 1991 wurde das KJHG um das Gesetz zur Weiterentwicklung der Kinder- und Jugendhilfe (Kinder- und Jugendhilfeweiterentwicklungsgesetz KICK) im Jahre 2005 erweitert. Diese Erweiterung erlangt deswegen große Bedeutung, weil hierin der Schutzauftrag der Kinder- und Jugendhilfe und dessen Konkretisierung im Fall einer Kindeswohlgefährdung (vgl. § 8a KJHG) unmissverständlich als Aufgabe und Pflicht der Kinder- und Jugendhilfe klargestellt werden.

Und seit dem Inkrafttreten des KJHG's sind erzieherische Hilfen als mehr oder weniger intensive Beratungs-, Betreuungs- und Hilfsangebote für junge Menschen und deren Familien zu verstehen (vgl. §§ 27–35 SGB VIII), auf die ein Rechtsanspruch von Seiten der Personensorgeberechtigten dann besteht, wenn „eine dem Wohl des Kindes oder Jugendlichen entsprechende Erziehung nicht gewährleistet ist und die Hilfe für seine Entwicklung geeignet und notwendig ist" (§ 27 Abs. 1 SGB VIII).

2.2 Adressaten der Erziehungshilfe

„Insgesamt unterscheiden sich die Familien der Kinder/Jugendlichen in Erziehungshilfen – das belegen sowohl Jugendhilfestatistik wie auch alle empirischen Studien – deutlich von der ‚Normalbevölkerung'" (Trede, 2009, S. 31). Das heißt, die Familien, die Adressaten der „Hilfen zur Erziehung" sind, können als mehrfach belastete Familien (Wnuk-Gette & Wnuk, 2002) aufgefasst werden. Familien also, bei denen ungünstige sozioökonomische und bio-psycho-soziale Faktoren zusammenwirken. Auf den Punkt gebracht heißt dies: Je höher der Grad der Belastung der familialen Verhältnisse und der sozialen Benachteiligung und je niedriger das Maß an Bewältigungsressourcen, desto häufiger werden die Kinder aus diesen Familien Adressaten erzieherischer Hilfen (Ellinger, 2011), die dazu noch eine sehr hohe Eingrifforientierung und Intensität aufweisen.

Was die Altersverteilung der Kinder anbelangt, so kann festgehalten werden, dass jüngere Kinder weniger deutlich im Rahmen der Erziehungshilfe auftreten – und wenn, dann eher im Bereich der Erziehungsberatung oder der Sozialpädagogischen Familienhilfe – als ältere Kinder und Jugendliche. Und auch hinsichtlich der Geschlechterverteilung fällt auf, dass zum Beispiel deutlich mehr männliche Kinder und Jugendliche eine stationäre Hilfe zur Erziehung erhalten als weibliche Jugendliche (Trede, 2009).

Gleichwohl muss festgehalten werden, dass nicht jedes Familienproblem und/oder jede individuelle Problemlage eines männlichen Jugendlichen aus sozioökonomisch und/oder psychosozial belasteten Familienverhältnissen dazu führt, „Hilfen zur Erziehung" in Anspruch zu nehmen oder diese staatlich durchgesetzt werden müssen. Es ist vielmehr das Zusammenwirken unterschiedlicher Stressoren mit den vorhandenen Ressourcen, das darüber im Einzelfall entscheidet, ob sich familiale, partnerschaftliche und individuelle Verfasstheiten auf der einen Seite und sozioökonomische Bedingungen auf der anderen Seite zu einer akuten oder permanenten Gefährdung des Kindeswohls auswachsen. Erst mit diesem Verständnis wird es möglich, auch Familien zu erfassen, die nicht unbedingt im landläufigen Sinne als Multiproblemfamilien zu erkennen sind, sich vielmehr durch ein hohes sozioökonomisches und bildungsbürgerliches Niveau auszeichnen und trotzdem Erziehungsverhältnisse realisieren, die dem Wohl des Kindes oder der Kinder abträglich sind und so Spielarten einer so genannten Wohlstandsverwahrlosung entstehen (Zöllner, 1997).

In allen Fällen stellt sich aber der mit dem Kind oder der Familie beschäftigten Fachperson die Frage, wie sich die Kindeswohlgefährdung im jeweiligen Einzelfall konkret zeigt und mit welchen erzieherischen Hilfen hierauf bezogen angemessen geantwortet werden kann.

2.3 Kindeswohl, Kindeswohlgefährdung, erzieherischer Bedarf und Hilfeplan als zentrale Begriffe der Erziehungshilfe

Erzieherische Hilfen im Kontext des KJHG's bedürfen also neben der gesetzlichen Grundlage einer begründeten einzelfallbezogenen Ausgestaltung.

In diesem Zusammenhang sind die Begriffe „Kindeswohl", „Kindeswohlgefährdung" „erzieherischer Bedarf" und „Hilfeplan" als zentral und als handlungsleitend anzusehen. Denn erst, wenn eine dem Kindeswohl nicht zuträgliche Erziehung vorliegt, haben die Personensorgeberechtigten einen Rechtsanspruch auf Inanspruchnahme erzieherischer Hilfe. Und folgt man Artikel 6 Absatz 2 des Grundgesetzes, in dem es heißt: „Pflege und Erziehung der Kinder sind das natürliche Recht der Eltern und die zuvörderst ihnen obliegende Pflicht. Über ihre Betätigung wacht die staatliche Gemeinschaft", dann wird hier unmissverständlich deutlich, dass auch erzieherische Hilfen gegen den Willen der Eltern durchgesetzt werden können und zwar dann, wenn die Eltern ihrer Pflicht zur Erziehung und Pflege der Kinder nicht oder nur ungenügend nachkommen, so dass eine Gefährdung des Kindeswohls festgestellt werden kann.

Wie aber sind nun genau Kindeswohl und Kindeswohlgefährdung auf der einen Seite und erzieherischer Bedarf und Hilfeplan auf der anderen Seite zu verstehen? Bei den nachfolgenden Definitionsversuchen gilt: Die im KJHG verwendeten Begriffe – und das darf nicht vergessen werden – sind vordringlich zunächst juristische Begriffe. Und sie können dementsprechend ihrem Wesen nach nie völlig bestimmt sein, weil sie sowohl auf das Allgemeine als auch auf das Besondere Bezug nehmen müssen.

Kindeswohl

Versucht man den Begriff Kindeswohl zunächst allgemein zu fassen, dann bietet es sich an, auf die Bestimmung des Oberlandesgerichts Köln zurückzugreifen. Dort heißt es: „Kindeswohl bedeutet das Recht des Kindes auf Förderung seiner Entwicklung und auf Erziehung zu einer eigenverantwortlichen und gemeinschaftsfähigen Persönlichkeit. Bei der Kindeswohlprüfung sind dabei die Persönlichkeit und die erzieherische Eignung der Eltern, ihre Bereitschaft Verantwortung für das Kind zu tragen und die Möglichkeiten der Unterbringung und Betreuung zu berücksichtigen, wozu als wesentliche Faktoren die emotionalen Bindungen des Kindes zu den Eltern und anderen Personen treten" (OLG Köln vom 18.06.1999 – 25 UF 236/98, zit. nach Krause, 2009, S. 45)

Möchte man allerdings etwas über die „Pharmakologie" des Kindeswohls, also über dessen Bestandteile erfahren, kommt man nicht umhin, sich den unhintergehbaren Bedingungen für eine gesunde, und das heißt, nicht nur eine von Krankheit freie, menschliche Entwicklung zuzuwenden.

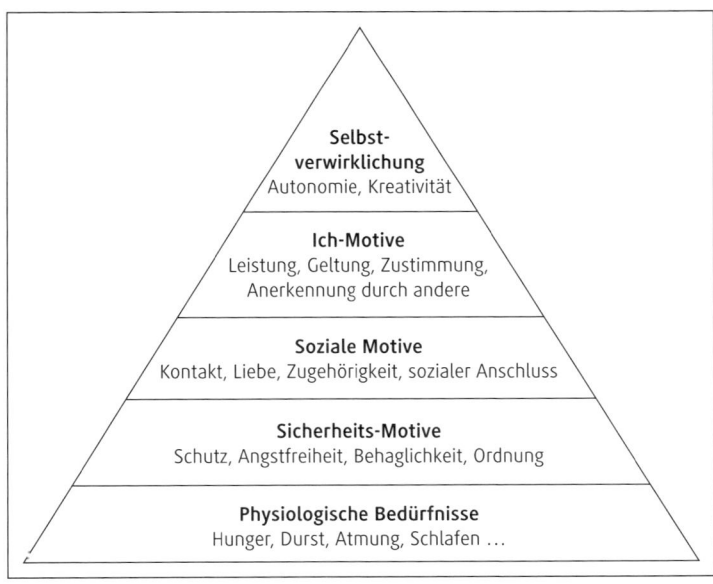

Abb. 1: Bedürfnispyramide in Anlehnung an Maslow (1981)

In diesem Zusammenhang sind zwei theoretische Konzepte zu nennen, die hohe Praxisrelevanz aufweisen. So ist zunächst auf Abraham *Maslow* (1981) zu verweisen, der die Bedürfnisse der Gattung Mensch pyramidal in fünf Ebenen darstellte. Auf der untersten Ebene, gewissermaßen als (Lebens-)Basis, verortete er die physiologischen Bedürfnisse. Hierauf folgen die Bedürfnisse nach Schutz und Sicherheit, nach Verständnis und sozialer Bindung, nach seelischer und körperlicher Wertschätzung sowie nach Anregung, Spiel und Leistung und schließlich als Spitze das Bedürfnis nach Selbstverwirklichung. Die Form der Pyramide und die Zuordnung der Bedürfnisse verweisen auf die basale Hierarchie der Bedürfnisse. Wird beispielsweise das Bedürfnis nach Nahrung nicht erfüllt, erübrigen sich die weiteren Bedürfnisse, da der Mensch ohne Nahrung stirbt.

Das zweite Konzept stammt von Aaron *Antonovsky* (1997), der sich mit der Frage beschäftigt hat, was Menschen gesund hält und somit als Begründer der Salutogenese gilt. Nach Antonovsky entsteht bei einem Menschen ein Kohärenzgefühl, das Widerstandsressourcen gegenüber unterschiedlichen Stressoren bereithält, dadurch, dass der Mensch sein Leben überwiegend als sinnhaft, handhabbar und verstehbar erlebt. Verstehbar meint, über ein strukturelles Wissen über personale, interpersonale und über die Phänomene der objektiven Welt zu verfügen. So gelingt es, nicht jedes Gewitter als Gottes Zorn, sondern als das Aufeinandertreffen von unterschiedlich warmen Luftschichten zu begreifen. Auch ist dann nicht jede Atemnot oder jedes Angstgefühl ein Hinweis auf eine tödliche Erkrankung, sondern kann unter Umständen auch auf eine den Menschen aufregende Situation zurückgeführt werden. Und schließlich lässt zum Beispiel das Wissen um Gruppendynamik zwei scheinbar unvereinbare Positionen zu einer gemeinsamen Mediation zusammen kommen. Nun geht es aber nicht nur um Verstehbarkeit und Wissen, sondern auch darum, dass der Mensch in der Lage ist, dieses Wissen mit Bezug auf seine Lebenspraxis auch handelnd einsetzen zu können. Erst das Gefühl, dass ich auch etwas dafür oder dagegen tun kann, ermöglicht eine Selbstwirksamkeitsüberzeugung. Und schließlich, da der Mensch ein nach Gründen suchendes Wesen ist (Heidegger, 2006), muss zum Wissen und Können noch ein übergeordneter Sinnzusammenhang hinzukommen. Erst die subjektive Sinnstiftung trägt zur Entwicklung des Kohärenzgefühls bei.

Sowohl die Überlegungen zur Bedürfnispyramide als auch die zum Kohärenzgefühl geben bis heute die Grundlage für die weitere Konzeptualisierung des Begriffs Kindeswohls ab.

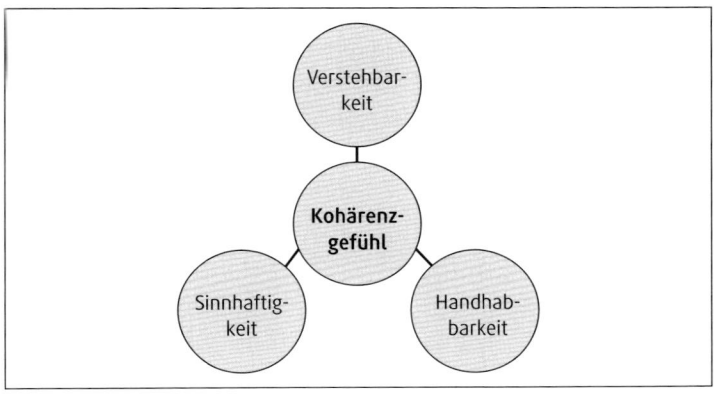

Abb. 2: Elemente des Kohärenzgefühls in Anlehnung an Antonovsky (1997)

Aus aktueller Sicht sind hier insbesondere die Arbeiten von zwei U.S.-amerikanischen Kinderärzten und Kinderpsychiatern zu nennen. *Brazelton und Greenspan* (2002) weisen auf sieben Grundbedürfnisse hin, die ein Kind braucht, um gesund aufzuwachsen, gut zu lernen und glücklich zu sein. Zu diesen Grundbedürfnissen gehört das Bedürfnis nach

1. ... beständigen liebevollen Beziehungen
2. ... körperlicher Unversehrtheit
3. ... Erfahrungen, die auf individuelle Unterschiede zugeschnitten sind
4. ... entwicklungsgerechten Erfahrungen
5. ... Grenzen und Strukturen
6. ... stabilen, unterstützenden Gemeinschaften und kultureller Kontinuität
7. ... einer sicheren Zukunft.

Die Grundbedürfnisse, die Brazelton und Greenspan (ebd.) identifiziert haben, orientieren sich bzw. nehmen Bezug auf die Überlegungen zur Bedürfnispyramide nach Maslow.

Im deutschsprachigen Raum hat sich insbesondere *Fegert* (1999; vgl. auch Ziegenhain & Fegert, 2008) um die wissenschaftliche Erforschung von Kindeswohl, Kindeswohlgefährdung und um die Entwicklung von Praxiskonzepten bemüht. Nach Fegerts (1999) sehr dezidiertem Konzept können sechs Grundbedürfnisse von Kindern und mögliche Folgen bei einem Mangel benannt werden.

Grundbedürfnis nach …	Mögliche Folgen eines Mangels
Liebe, Akzeptanz und Zuwendung	Schwere körperliche und psychische Deprivationsfolgen bis hin zu psychosozialem Minderwuchs und nicht organisch bedingten Gedeihstörungen
Stabile Bindungen	Auffälligkeiten der Nähe-Distanz-Regulierung bis hin zu Bindungsstörungen
Ernährung und Versorgung	Gedeihstörungen bis hin zu kognitiven Entwicklungsbeeinträchtigungen
Gesundheit	Vermeidbare Erkrankungen mit unnötig schwerem Verlauf
Schutz vor Gefahren von materieller und sexueller Ausbeutung	Anpassungs- und posttraumatische Störungen
Wissen, Bildung und Vermittlung hinreichender Erfahrungen	Entwicklungsrückstände bis hin zu Pseudodebilität

Abb. 3: Grundbedürfnisse nach Fegert (1999)

Aus den bisherigen Ausführungen lässt sich begründet der Schluss ziehen, dass man – je nach Klassifikationsschema – von sechs bis sieben kindlichen Grundbedürfnissen auszugehen hat, die in jedem Fall befriedigt werden müssen. So gelingt es, den zunächst juristischen und mehrfach determinierten Begriff des Kindeswohls inhaltlich so auszuformulieren, dass nun bestimmte Auskunft über das Wohl eines Kindes und über die dem Kindeswohl zuträgliche oder abträgliche Erziehung gegeben werden kann.

Kindeswohlgefährdung

Gefährdungen des Kindeswohls lassen sich in diesem Sinne dann als Gefahr oder gefährdende Momente verstehen, die mit Hinblick auf die Entwicklung des Kindes mit hoher Wahrscheinlichkeit schädigend einwirken.

Bezogen auf die Feststellung einer Gefährdung des Kindeswohls ist nun allerdings zu fragen, nach welchen Kriterien diese Feststellung erfolgt. Der Einschätzung einer Kindeswohlgefährdung liegt ein zweiphasiger Prozess zu Grunde (vgl. Krause, 2009). Im ersten Teil dieser prozessualen Annäherung an eine mögliche Kindeswohlgefährdung geht es darum, sich erstens über die *Erheblichkeit der Gefährdungsmomente* klar zu werden. Sich also über die Intensität, die Dauer und die Häufigkeit der schädlichen Erziehungsverhältnisse oder Erziehungspraktiken einen Überblick zu verschaffen. Hierauf aufbauend müssen sich zweitens die *möglichen Schädigungen*, die aus der Gefährdung resultieren können, vergegenwärtigt werden. Im Grunde geht es um die Frage, welche Schädigungen die Kinder aus den schädigenden Lebensumständen erwerben könnten. Und zu dieser ersten Annäherung muss drittens schließlich noch eine *prognostische Einschätzung* hinzutreten, die sich der Frage zuwendet, wie hoch die Wahrscheinlichkeit einzuschätzen ist, nach der die Gefährdungsmomente auch die angenommenen Schädigungen nach sich ziehen.

Ab diesem Punkt des fachlich begründeten Bemühens um Feststellung einer Kindeswohlgefährdung wendet sich der Fokus den Eltern zu, und zwar in zweifacher Hinsicht. Zum einen muss die *Fähigkeit der Eltern* eingeschätzt werden, die gefährdenden Momente abzuwenden oder geeignete Maßnahmen zur Gefahrenabwendung zu ergreifen. Die Leitfrage ist: Sind die Eltern biopsychosozial und sozioökonomisch in der Lage, die Lebensumstände des Kindes so zu verändern, dass dadurch die Kindeswohlgefährdung abzuwenden ist? Zum anderen muss – und dies knüpft unmittelbar an die Fähigkeiten der Eltern an – die *Bereitschaft der Eltern* zur Abwendung der Gefahr bzw. zum Initiieren von geeigneten Maßnahmen, die potenziell in der Lage sind, die Kindeswohlgefährdung abzuwenden, eruiert werden. Das kann auch heißen, dass bei einigen Eltern Ressourcen festgestellt werden können, die dazu taugen, kindeswohlgefährdende Momente abzuwenden, diese Eltern aber keine Einsicht in die problematische erzieherische Situation haben und damit auch keine Bereitschaft zur Mitwirkung zeigen. Umgekehrt lassen sich auch Eltern finden, die sich zwar einerseits von der Notwendigkeit der Veränderung der erzieherischen und der Lebensumstände überzeugen lassen, die aber andererseits nicht über die Ressourcen verfügen, diese Veränderungen von sich aus zu Wege zu bringen.

"Hilfen zur Erziehung"

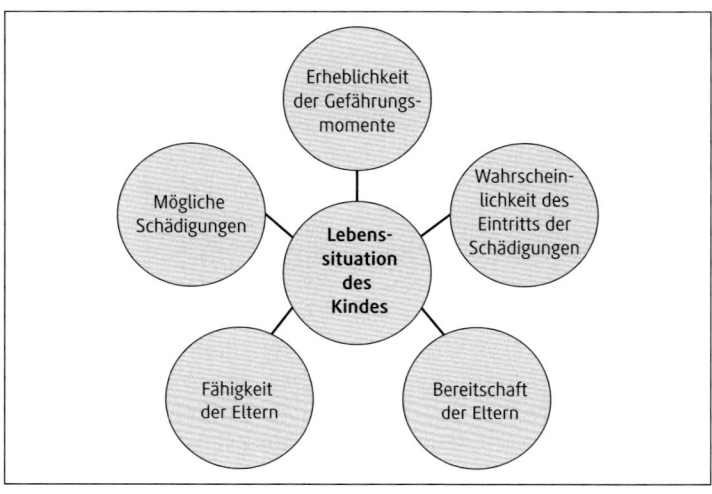

Abb. 4: Kriterien zur Einschätzung einer Kindeswohlgefährdung

Erzieherischer Bedarf

Der erzieherische Bedarf ergibt sich dann gewissermaßen aus den sozialpädagogisch begründeten diagnostischen Bemühungen um die Einschätzung mit Hinblick auf das Vorliegen einer Kindeswohlgefährdung (s. o.) bzw. mit Hinblick auf das Vorliegen einer defizitären Erziehungssituation. Kann eine solche Gefährdung begründet festgestellt werden, muss nun – in indikativer Absicht – der genaue erzieherische Bedarf erhoben werden.

Es muss also eine Vorstellung entwickelt werden, welche erzieherischen Hilfen geeignet sind, dem Bedarf der Familie so zu entsprechen, dass mit diesen Hilfen einer Gefährdung des Kindeswohls entgegengewirkt werden kann.

Hilfeplan

Zumeist geschehen diese diagnostischen Einschätzungen und die Entwicklung von Handlungsoptionen in einem gemeinsamen (Hilfeplan-) Gespräch zwischen Eltern und Jugendamt und – später im fortgeschrit-

:enen Hilfeplanprozess – unter Einbeziehung eines zumeist freien Trägers der Kinder- und Jugendhilfe, der die entsprechende Hilfe zur Erziehung anbieten und durchführen kann. Im besten Falle steht am Ende der gemeinsamen Hilfeplanung die Kontraktierung des Hilfeplans. Ausgehend vom Hilfeplan werden dann die entsprechenden Maßnahmen eingeleitet, durchgeführt und kontinuierlich überprüft, so dass entwe-

Inhalte des Hilfeplanverfahrens/-gesprächs	Strukturelle Merkmale
• Eltern • Kinder • MitarbeiterInnen von Institutionen • Nachbarn • Familienangehörige • … melden sich beim Jugendamt. Erste *Situation- und Problembeschreibung*	Klärung der Anlässe
• Konkrete *Analyse der aktuellen Lebenssituation* des Kindes und der Familie • *Gefährdung* und *Gefährdungsmomente*: Intensität, Dauer und Erheblichkeit • Liegt eine *Kindeswohlgefährdung* vor?	Diagnostisches Element
• Einschätzung des *erzieherischen Bedarfs* unter zu Grundlegung der • Fähigkeiten und Bereitschaft der Eltern • Erstellung eines *Hilfeplans* mit Hinblick auf die • Art der *erzieherischen Hilfe*	Indikatives Element
• *Ausgestaltung* der erzieherischen Hilfe mit Hinblick auf • *Form* und *Inhalt* der Hilfe und • *Durchführung* der geeigneten Maßnahme durch geeigneten Träger	Interventives Element
• Klärung der Kriterien für die *Beendigung der erzieherischen Hilfe* und der möglichen • *Fortschreibung* und • *Veränderung* der erzieherischen Hilfen	Evaluatives Element

Abb. 5: Inhalte und Elemente eines Hilfeplanverfahrens/-gesprächs nach § 36 SGB VIII

der im Falle der Aufhebung des erzieherischen Bedarfs die Hilfe zur Erziehung beendet oder aber der Hilfeplan fortgeschrieben und gegebenenfalls auch verändert werden kann. Zusammenfassend kann festgehalten werden, dass der Hilfeplan, die Art und den Umfang des erzieherischen Bedarfs, die darauf bezogene und zu gewährende Hilfe sowie die sich daraus ergebenden notwendigen Leistungen enthalten sollte.

In diesem Sinne ist der Hilfeplan, folgt man der Auffassung des Jugendamts der Stadt Nürnberg (www.sgbviii.de/S30.html), von seinem Charakter her vielgestaltig. Er ist
- Grundlage für die Ausgestaltung der Hilfe,
- Entscheidungshilfe im Einzelfall,
- Instrument fachlicher Selbstkontrolle,
- Beleg für die Beteiligung der Betroffenen,
- Fahrplan für die Zusammenarbeit der Fachkräfte,
- zeit- und zielgerichtetes Planungsinstrument,
- Koordinierungsinstrument zwischen Jugendamt und Maßnahmenträger,
- Entscheidungsgrundlage für Kostenträger,
- Nachweis fachlicher Planungskompetenz,
- Bemühen um die richtige(n) Hilfe(n),
- Vertrag zwischen allen Beteiligten,
- Arbeitshilfe für die Durchführung und Prüfung der Hilfe(n).

2.4 „Hilfen zur Erziehung"

Wie bereits gezeigt werden konnte, ist der Ausgangspunkt für den Einsatz erzieherischer Hilfen ein erzieherischer Bedarf, der im ungünstigen Fall eine Gefährdung des Kindeswohls zur Folge hat. Für eine effektive Hilfeplanung ist es unerlässlich, den erzieherischen Bedarf der Familie, der Eltern und/oder des Kindes genau zu bestimmen, um hierauf mit einer entsprechenden erzieherischen Hilfe antworten zu können.

Im Folgenden sollen nun die unterschiedlichen „Hilfen zur Erziehung" (§ 27 SGB VIII) vorgestellt werden, die der Gesetzgeber bereithält. Der Wortlaut orientiert sich am SGB VIII.

Erziehungsberatung (§ 28)

Erziehungsberatung soll Kinder, Jugendliche, Eltern und andere Erziehungsberechtigte bei der Klärung und Bewältigung individueller und familienbezogener Probleme und der zugrunde liegenden Faktoren, bei der Lösung von Erziehungsfragen sowie bei Trennung und Scheidung unterstützen. Die Anlässe für die Inanspruchnahme von Erziehungsberatung können sehr verschieden sein und reichen von emotionalen Problemen (z. B. Angst, Depression), über soziale Verhaltensauffälligkeiten (z. B. Kontaktstörungen, Aggressivität), Schulprobleme (z. B. Lern-/Leistungsstörungen, Schulabsentismus), Kommunikations- und Beziehungsprobleme in der Familie (z. B. Gewalt, Gesprächs- und Kontaktverweigerung) bis hin zu psychosomatischen Auffälligkeiten (z. B. Enuresis, Enkopresis). Damit diese Bandbreite von Fragestellungen abgedeckt werden kann, sollen im Praxisfeld Erziehungsberatung Fachkräfte verschiedener Fachrichtungen, die mit unterschiedlichen methodischen Ansätzen vertraut sind, zusammen arbeiten.

Erziehungsberatung bewegt sich damit an der Schnittstelle von erzieherischer Hilfe und heilkundlicher Behandlung, wobei vom Gesetzgeber eindeutig gewünscht ist, das beraterische und pädagogisch-therapeutische Angebot der Erziehungsberatung im Bereich der erzieherischen Hilfen anzusiedeln. So ist auch im Psychotherapeutengesetz (PsychThG) nachzulesen, dass psychotherapeutisches Handeln, das die Überwindung sozialer Konflikte etc. zum Gegenstand hat, nicht vom heilkundlich ausgerichteten Psychotherapeutengesetz geregelt werden soll.

Der Zugang zur Erziehungsberatung erfolgt nach den Prinzipien der Freiwilligkeit und Vertraulichkeit. Das heißt, um Leistungen der Erziehungsberatung in Anspruch zu nehmen, muss keine Leistungszusage vom Jugendamt vorliegen. Erziehungsberatung als einziges Ergebnis eines Hilfeplanprozesses ist damit eher die Ausnahme und wird vielmehr als begleitend zu anderen Formen der Hilfe zur Erziehung kontraktiert.

Soziale Gruppenarbeit (§ 29)

Soziale Gruppenarbeit soll älteren Kindern und Jugendlichen helfen, Entwicklungsschwierigkeiten und Verhaltensprobleme zu überwinden. Soziale Gruppenarbeit basiert auf einem gruppenpädagogischen Konzept und hebt auf das soziale Lernen der Kinder und Jugendlichen in und durch die Gruppe ab. Soziale Gruppenarbeit als ambulante Erziehungshilfe ist relativ niederfrequent, das heißt, sie findet häufig nur einmal in der Woche statt, und bewegt sich auf der inhaltlichen Ebene zwischen themenzentrierten Gruppenangeboten (z. B. Aggression, Delinquenz) über thematisch offene Gruppen (im Jugendzentrum) bis hin zu so genannten Neigungsgruppen mit erlebnispädagogischem Charakter (z. B. Sport, Tanz, Kunst). Soziale Gruppenarbeit wird überwiegend pauschal finanziert, das heißt, auch hier ist eine Leistungsbewilligung von Seiten des Jugendamts nicht nötig, und stellt als niederschwellige Hilfeform ein bedeutendes Bindeglied zwischen allgemeiner Kinder- und Jugendarbeit und den verbindlicheren „Hilfen zur Erziehung" dar.

Erziehungsbeistand, Betreuungshelfer (§ 30)

Der Erziehungsbeistand oder der Betreuungshelfer soll das Kind oder den Jugendlichen darin unterstützen, seine Entwicklungsprobleme unter Einbezug des sozialen Umfeldes und unter Aufrechterhaltung des Lebensbezugs zur Familie zu bewältigen. Im Grunde sind Erziehungsbeistände oder Betreuungshelfer als Einzelfallhelfer zu verstehen, die sich stark an den Bedürfnissen und am Lebensumfeld des jungen Menschen orientieren, wenn gleich auch zeitlich weniger intensiv als die Intensive Sozialpädagogische Einzelbetreuung. Aus der Geschichte dieser Hilfe zur Erziehung, die im Jugendwohlfahrtsgesetz ihren Anfang nahm, kann man noch heute deutlich das doppelte Mandat des Erziehungsbeistands/Betreuungshelfers heraus lesen. Geht es doch auf der einen Seite um einzelfallbezogene Unterstützung und Hilfe und auf der anderen Seite auch immer um eine gewisse Kontrolle des jungen Menschen.

Sozialpädagogische Familienhilfe (§ 31)

Die Sozialpädagogische Familienhilfe ist eine intensive Hilfe- und Unterstützungsform für die gesamte Familie. Zentral geht es hier um die Bewältigung von Erziehungsaufgaben, Alltagsanforderungen sowie um die Lösung von Problemen, die sich aus den notwendigen und auch erzwungenen Kontakten mit Ämtern und Institutionen ergeben. Sozialpädagogische Familienhilfe in diesem Sinne richtet ihren Blick multiperspektivisch auf die Gesamtfamilie, auf die Eltern- und Paarbeziehung, auf die Eltern-Kind-Beziehung sowie auf die Kinder, Jugendlichen und Erwachsenen als einzelne Personen. Und aus dieser Blickrichtung ergibt sich für den sozialpädagogischen Familienhelfer eine enorme Bandbreite an Aufgaben. Diese reichen von der Thematisierung der Haushaltsführung, über Erziehungsberatung, Nachhilfe für die Kinder, Kinderbetreuung, wenn die Eltern mal etwas Zeit für sich brauchen, bis hin zur Schuldenregulierung und Unterstützung bei der Arbeitssuche.

Erziehung in einer Tagesgruppe (§ 32)

Bislang konnten alle vorherigen „Hilfen zur Erziehung" als ambulante Hilfeformen angesehen werden. Die Erziehung in einer Tagesgruppe stellt nun einen deutlich intensiveren Eingriff in den familialen Lebenszusammenhang dar, da diese Hilfe als eine teil-stationäre Hilfe betrachtet werden kann. Die Erziehung in einer Tagesgruppe stellt gewissermaßen – in kompensatorischer Absicht – eine ergänzende Lebenswelt zur Familie und Schule dar. Innerhalb dieser Hilfe sollen das Kind oder der Jugendliche und seine Eltern darin unterstützt werden, die anstehenden schulischen, familialen und individuellen Anforderungen so zu bewältigen, dass ein Verbleib des Kindes oder des Jugendlichen in der Familie möglich ist. In diesem Zusammenhang wird neben dem intensiven Betreuungs-, Bildungs- und Therapieangebot für das Kind oder den Jugendlichen, der Elternberatung und Familienbildung große Bedeutung zugesprochen.

Vollzeitpflege (§ 33)

Erziehungshilfe im Rahmen einer Vollzeitpflege meint eine befristete oder auf Dauer angelegte Erziehung in einer Pflegefamilie. Diese (voll-)stationäre Form der Hilfe zur Erziehung kann klassisch – neben der Heimerziehung – als Fremdplazierung des Kindes angesehen werden. Die Ausgestaltung dieser Hilfe orientiert sich am Alter und an den Entwicklungsbedürfnissen des Kindes. Von besonderer Bedeutung ist der familiale Charakter dieser Hilfe, denn die Kinder, die aus ihrer Herkunftsfamilie in eine Pflegefamilie kommen, erleben die Pflegeeltern und – falls vorhanden, die Pflegegeschwister – als „ganze" Personen, als (Pflege-)Vater und (Pflege-)Mutter und nicht als Berufsrollenträger. Diese Form der Hilfe biete auf der einen Seite die Nachformung familialer Erziehung mit all den Vor- und auch den Nachteilen und die Entscheidung (Indikation) für Vollzeitpflege und gegen Heimerziehung oder umgekehrt muss präzise begründet werden können. Dass es sich bei der Vollzeitpflege trotz aller familialer Strukturmerkmale um eine Form öffentlicher Erziehung handelt, führt nicht selten zu einem unauflösbaren Widerspruch, der üblicherweise im familialen Alltag nur dann eine Relevanz erhält, wenn zwischen Pflegeeltern und Pflegekind starke Konflikte auftreten.

Heimerziehung, sonstige betreute Wohnform (§ 34)

Neben der Vollzeitpflege ist die Heimerziehung eine weitere stationäre Hilfe zur Erziehung, bei der das Kind oder der Jugendliche über Tag und Nacht fremdplaziert wird. Heimerziehung soll das Kind und den Jugendlichen durch Kombination von pädagogischen und therapeutischen Angeboten in seiner Entwicklung fördern. Heimerziehung muss immer die Herkunftsfamilie des Kindes oder des Jugendlichen im Blick haben, denn es gilt zu entscheiden, ob erstens eine Rückkehr in die Herkunftsfamilie versucht, zweitens die Erziehung in einer anderen (Pflege-)Familie vorbereitet werden soll oder ob drittens die Heimerziehung als eine auf Dauer angelegte Lebensform anzusehen ist, deren Ziel die Verselbständigung des Jugendlichen und dann jungen Erwachsenen ist.

Inhaltlich und strukturell hat sich Heimerziehung als Hilfe zur Erziehung enorm ausdifferenziert. So gibt es die Heimerziehung als innen geleitete Wohngruppenerziehung, bei der kleine Gruppen von Kindern/Jugendlichen mit Bezugserziehern so normal wie möglich familienähnlich im Rahmen eines Heims zusammen leben. Eine Sonderform dieser Wohngruppenerziehung sind die heilpädagogisch-therapeutischen Wohngruppen, bei denen speziell auch umschriebene Störungen und Phänomenbereiche mitbehandelt werden können. Auch kann Heimerziehung (Groß-)Familienerziehung sein, die dann häufig als Familiengruppe oder Erziehungsstelle ausgewiesen wird. Hierbei ist es zumeist so, dass bei einem Erzieher(ehe-)paar mehrere Kinder dauerhaft leben und aufwachsen. Schließlich sind auch außen geleitete Wohngruppen als eigenständige Form der Heimerziehung zu verstehen. Hierbei werden zumeist Jugendliche ab sechzehn Jahren, bei denen die Heimerziehung eine auf Dauer angelegte Lebensform war, wohngemeinschaftsähnlich von Pädagogen auf die eigenverantwortliche und selbständige Lebensführung vorbereitet. Die Wohngruppen befinden sich – im Gegensatz zur den innen geleiteten Wohngruppen – zumeist singulär auf die Stadt verteilt.

Intensive Sozialpädagogische Einzelbetreuung (§ 35)

Intensive Sozialpädagogische Einzelbetreuung hebt auf die soziale Integration des jungen Menschen ab, der einer intensiven Unterstützung zur eigenverantwortlichen Lebensführung bedarf. Das Hilfs- und Unterstützungsangebot richtet sich vor allem an Jugendliche – und in Einzelfällen auch an junge Erwachsene –, die aus dem Standardprogramm der Heimerziehung heraus fallen und für die auch ein Erziehungsbeistand bzw. ein Betreuungshelfer nach § 30 (s. o.) zu offen und zu wenig intensiv ist. Häufig geht es zentral um die Integration in die Arbeitswelt bzw. um die Eröffnung von Möglichkeiten der Erlangung eines Schulabschlusses. Intensive Sozialpädagogische Einzelbetreuung versucht eine Negativspirale in der Entwicklung des jungen Menschen abzuwenden. In diesem Sinne ist sie als Hilfe zur Erziehung zum einen als flexible Betreuung, die auch aufsuchende Arbeit mit einschließt, zu betrachten und operiert zum anderen mit unterschiedlichsten Angeboten, zu denen auch erlebnis- und freizeitpädagogische Maßnahmen gehören.

3

„Erziehung" als Grund- und Leitbegriff der erzieherischen Hilfen

Wie bislang immer wieder deutlich werden konnte, sind die „Hilfen zur Erziehung" und die mit diesen verwandten Leitbegriffe zunächst juristischer Natur. Immer wieder, wie dies zum Beispiel beim Kindeswohl und dessen Gefährdungen gezeigt werden konnte, müssen die Begrifflichkeiten disziplin- und professionsspezifisch ausformuliert werden. Was auf den ersten Blick als klar und als völlig unstrittig erscheint, ist, dass es sich bei den „Hilfen zur Erziehung" wohl um den Phänomenbereich Erziehung im weitesten Sinne handelt. Und damit ist ein Themenbereich eröffnet, zu dem jeder etwas zu sagen hat oder meint, etwas dazu beitragen zu können. Böhm (1997) bemerkt ironisch hierzu: „Während es hierzulande nicht einmal dem bescheidensten Alltagsverstand einfiele, das Bepinseln einer Leinwand und das Abfassen einer kunsthistorischen Abhandlung unter den gleichen Begriff zu subsumieren und beides als *Kunstgeschichte* (kursiv im Original) zu fassen, ist es dagegen keineswegs nur unter Kreti und Pleti verbreitet, die zähe Arbeit an einer

Kritik der pädagogischen Vernunft und das Versohlen des Hosenbodens eines aufmücksigen Bengels oder auch das Stammtischgeplaudere über erzieherische Banalitäten – heute häufig zum ‚Austausch pädagogischer Erfahrungen' hochstilisiert – unter dem anspruchsvollen Begriff *Pädagogik* (kursiv im Original) zusammenzufassen" (S. 169 ff.). Wer sich also als berufsmäßiger Erzieher mit Erziehung beschäftigt, hat es mit einer doppelten Problematik zu tun. Zum einen scheint es überhaupt keinen Sonderwissensbestand des Erziehers zu geben, der seine Expertise ausmacht. Vielmehr glaubt jeder mitreden zu können, da ja jeder – zumindest in irgendeiner Form – erzogen worden ist und vielleicht sogar eigene Kinder erzogen hat. Und zum anderen ist es nicht zwangsläufig so, dass Erziehung unbedingt auf Pädagogik verweist. Aktuell scheint es sogar so zu sein, als definierten oder bestimmten die Psychologie, die Soziologie und neuerdings auch die Neurowissenschaften das, was in Fachkreisen unter Erziehung zu verstehen sei. Insofern hat es der „Erzieher von Berufe" (Prange u. Strobel-Eisele, 2006, S. 44) auch doppelt schwer: Er muss die Begründung seines Tuns sowohl gegenüber den pädagogischen Laien als auch gegenüber den Nachbardisziplinen verteidigen, und dies gelingt ihm – danach sieht es zumindest momentan aus – mehr oder minder schlecht. Denn das, was Schleiermacher in seinen Grundzügen zur Erziehungskunst 1826 noch behaupten konnte: „Was man im allgemeinen unter Erziehung versteht, ist als bekannt vorauszusetzen" (ebd., S. 7), gilt heute nicht mehr. Das heißt nichts anderes, als dass die „Hilfen zur Erziehung", will man sie denn pädagogisch fassen, mit Hinblick auf die pädagogische Theorie und erzieherische Praxis ausformuliert werden müssen. Selbstverständlich ließe sich dieses Unterfangen auch psychologisch oder soziologisch zu Wege bringen. Da aber angenommen wird, dass Erziehung *der* Grundbegriff der Pädagogik bzw. der Erziehungswissenschaft ist, liegt es nahe, sich den erzieherischen Hilfen, die ja auch das Hauptbetätigungsfeld professioneller Pädagogik sind, aus pädagogischer Sicht zu nähern.

Erziehungsbegriff(e)

Um zunächst einen Einstieg in die Thematik zu finden, sei auf überwiegend aktuelle, ausgewählte Definitionen verwiesen. Ausgewählt deswegen, weil der aktuelle Stand der Diskussion um Erziehung und Erziehungsbegriffe kaum noch zu überblicken ist. Zur ersten Orientierung sei auf den zwar älteren, aber gelungenen Überblick von Erich Weber „Der Erziehungs- und Bildungsbegriff im 20. Jahrhundert" aus dem Jahre 1971 verwiesen.

Begonnen werden soll mit einer Definition von *Schleiermacher* (1959):

> *„Erziehung ist die Einleitung und Fortführung des Entwicklungsprozesses des Einzelnen durch äußere Einwirkung"* (S. 261).

Im Verständnis von Schleiermacher ist das Individuum auf erzieherische Impulse von außen angewiesen, um sich zu entwickeln. Das biologische Entwicklungsprogramm scheint nicht auszureichen, um dass der Mensch zum Menschen werde. Darüber hinaus geht es nicht nur um einen, gewissermaßen startenden Impuls, sondern in gleichem Maße auch um eine Form stetiger Einwirkung, um die Entwicklungsdynamik auch aufrecht zu erhalten und gegebenenfalls zu lenken.

Dann ist hier *Brenzika* (1978) zu nennen, der zwar mit Hinblick auf das Erscheinungsjahr seiner Veröffentlichung nicht mehr als aktuell, wohl aber mit Hinblick auf seine inhaltliche Bestimmung des Erziehungsbegriffs als bedeutsam zu gelten hat.

> *„Unter Erziehung werden Handlungen verstanden, durch die Menschen versuchen, das Gefüge der psychischen Dispositionen anderer Menschen in irgendeiner Hinsicht dauerhaft zu verbessern oder seine als wertvoll beurteilten Komponenten zu erhalten oder die Entstehung von Dispositionen, die als schlecht bewertet werden, zu verhüten"* (ebd, S. 45).

Brezinka (ebd.) ergänzt noch, dass man „das Gefüge der psychischen Dispositionen" (S. 45) durch den Begriff „Persönlichkeit" ersetzen kann. Der Erziehungsbegriff Brezinkas weist eine begriffliche Spannweite auf, die es ermöglicht, unterschiedliche theoretische Sichtweisen und praktische Handlungen als Erziehung zu fassen. Und interessanter Weise befindet sich der Erziehungsbegriff nicht nur in zeitlicher Nähe zum Psychotherapiebegriff, wie ihn Strotzka (1978) bestimmt: „Psychotherapie ist ein bewusster und geplanter interaktioneller Prozess zur Beeinflussung von Verhaltensstörungen und Leidenszuständen, die in einem Konsens (möglichst zwischen Patient, Therapeut und Bezugsgruppe) für behandlungsbedürftig gehalten werden, mit psychologischen Mitteln (durch Kommunikation) meist verbal aber auch averbal, in Richtung auf ein definiertes, nach Möglichkeit gemeinsam erarbeitete Ziel (Symptomminimalisierung und/oder Strukturveränderung der Persönlichkeit) mittels lehrbarer Techniken auf der Basis einer Theorie des normalen und pathologischen Verhaltens" (S. 4). Das, was beide Definitionen unterscheidet, ist, dass sich Psychotherapie auf einen Konsensus zwischen den Beteiligten und auf gemeinsam erarbeitete Zielvorstellungen bezieht. Hiervon kann bei Erziehung nicht immer die Rede sein, insbesondere dann, wenn man die Erziehung Familie und Schule vor Augen hat.

Eine weitere – prägnante, aber belastbare – Definition von Erziehung gibt *Prange* (1997):

„Erziehung ist eine spezifische, kommunikative Praxis, mit dem Zweck, auf andere Praxen unspezifisch vorzubereiten" (S. 132)

Was diese Definition so spannend macht, ist die damit vermittelte Vorstellung, dass zwar die erzieherische Situation eine spezifische ist, die auch, bezieht man hier die Definition von Brezinka (1978) mit ein, spezifisch mit Hinblick auf Erziehungsziel und Erziehungsmittel didaktisch ausgekleidet werden kann, die aber doch das Verhalten und Erleben des Zöglings – Brezinka (1978) würde hier den Begriff „Persönlichkeit" und Prange (2005) den Begriff „Zustände" verwenden –, in anderen gleichzeitig gegebenen, also außerhalb der erzieherischen Praxis liegenden und auch zukünftigen sozialen Praxen nicht direkt zu beeinflussen vermag. Erziehung hat also den Menschen so vorzubereiten, dass er seine (zukünftige) (Lebens-)Praxis bewältigen kann. Und genau an dieser Stelle kann auch expliziert werden, was es mit den Begriffen der „Nacherziehung" und der „Weiterbildung" auf sich hat. Scheitert ein erwachsener Mensch (ganz oder teilweise) in aktuellen Lebensvollzügen, also in Lebenszusammenhängen, die in früheren spezifischen erzieherischen Situationen unspezifisch antizipiert wurden, mit dem Ziel, dass heute bzw. damals das gelernt wird, was man zukünftig für die Bewältigung des eigenen Lebens braucht, dann verweist eben dieses Scheitern auf Lernthemen, die jetzt aktuell geworden sind und die entweder früher hätten gelernt werden sollen oder die sich nun als neue Lernthemen auftun. In beiden Fällen führt, oder besser: sollte der Weg wieder (zurück) in eine spezifische, kommunikative erzieherische Situation (führen), in der dann das (nach- oder neu-)gelernt werden kann, was es zur Bewältigung der aktuellen Lernhemmung braucht. Entpuppt sich der Lernbedarf als etwas, das neu hinzugelernt werden muss, dann spricht man üblicherweise von „Erwachsenenbildung" und/oder „Weiterbildung". Verweist der Lernbedarf allerdings auf bestehende Lerndefizite hin, die sich aus früheren problematischen Erziehungssituationen ergeben haben und die es nun im „Hier und Jetzt" verunmöglichen, in Teilen zumindest, ein befriedigendes und selbst bestimmtes Leben zu führen, dann müsste man eher von „Nacherziehung" sprechen. Es müsste also nachträglich, in einer spezifischen pädagogischen Situation, das betreffende Thema nochmals oder sogar erstmals so gezeigt werden, dass es sich auch angeeignet werden kann. Obwohl die „Nacherziehung" ein genuin pädagogisches Thema ist, bleiben diese Art der Lernprozesse doch überwiegend dem Bereich der Psychotherapie zugeordnet. Bei Ängstlichkeit, Niedergeschlagenheit, Sinnleere etc. suchen die meisten Menschen dann doch eher die Hilfe bei einem Psychotherapeuten und nicht bei einem Erzieher.

Jetzt noch eine Definition von *Oelkers* (2004) aus dem „Historischen Wörterbuch der Pädagogik" (Benner & Oelkers, 2004):

„Unter Erziehung kann allgemein die moralische Kommunikation zwischen Personen und Institutionen sowie mit und über Medien verstanden werden, soweit sie auf dauerhafte Einwirkung abzielt und ein Gefälle voraussetzt" (Oelkers, 2004, S. 303).

Den beiden vorherigen Definitionen werden nun noch zwei bedeutsame Elemente hinzugefügt. Beim Erziehen geht es jetzt also auch zum einen um moralische Kommunikation, die sich zum anderen in einem pädagogischen Bezug abspielt, der grundsätzlich asymmetrischer Natur ist. Hier wird Kants Frage nach der Möglichkeit, Freiheit durch Zwang zu kultivieren, aufgegriffen (Kant, 1878).

Und schließlich soll noch auf die Definition von *Sünkel* (2011) eingegangen werden, die ebenso wie die von Prange (1997) durch ihre Kürze und Prägnanz besticht.

> *„Erziehung ist die vermittelte Aneignung nicht genetischer Tätigkeitsdispositionen"* (Sünkel, 2011, S. 46)

So knapp die Definition auch daher kommen mag, sie hat es in sich. Denn in dieser Definition ist alles – wie noch zu zeigen sein wird – enthalten, was Erziehung ausmacht. Erziehung richtet sich nach Sünkel (ebd.) auf das Wissen, Können und Wollen des Menschen, das sich nicht qua genetischer Ausstattung von selbst ergibt, das aber gebraucht wird, um sein Leben in personaler Selbstbestimmung zu leben. Und Erziehung bewegt sich zwischen Vermittlung und Aneignung der Lerninhalte. Erziehung findet damit genau zwischen den vermittelnden Bemühungen des Erziehers und den aneignenden Bemühungen des Zöglings statt.

Wendet man sich nun der Frage zu, wie mit den Erziehungsbegriffen der Pädagogik die „Hilfen zur Erziehung" pädagogisch ausgestaltet werden können, dann muss man zunächst festhalten, dass sich eine Erklärung der „Hilfen zur Erziehung" auch unter Grundlegung der Erziehungsbegriffe nicht von selbst ergibt. So kann zwar der eine oder andere Begriff hilfreich für das Verständnis der erzieherischen Hilfen sein, doch handlungsleitend und orientierend werden diese Begriffe auch erst durch ihre Auslegung.

Um Erziehung als Grundkategorie der erzieherischen Hilfen brauchbar in den Dienst zu nehmen, soll jetzt zunächst ein kurzer Blick auf die anthropologische Begründung von Erziehung im Allgemeinen geworfen werden. Hieran schließen sich Überlegungen zur Formengeschichte erzieherischen Handelns, um dann – in Anknüpfung an Sünkel (2011) und Prange (1997) – genau auf die Elemente der Erziehung einzugehen, sich also von der Frage leiten zu lassen, die erst einmal weg- von einem übergeordneten Erziehungsbegriff und hinführt zur Erhellung des Phänomens Erziehung –, was gegeben sein muss, um von Erziehung zu sprechen. Denn erst aus der Hinwendung zum konkreten Phänomen entsteht Handlungsorientierung.

3.1 Anthropologische Begründung von Erziehung

Das, was allen Versuchen, Erziehung zu definieren, voraus geht, ist die Faktizität und die gattungsspezifische Notwendigkeit von Erziehung. Aus pädagogischer Sicht ist die Sachlage klar. So weißt Erasmus von Rotterdam bereits um 1519 darauf hin, dass der Mensch nicht durch die Geburt zum Menschen wird, sondern einzig und alleine durch Erziehung und Bildung (vgl. Tenorth, 2004; Böhm, 2004). Und Comenius (2000) führt in seiner großen Didaktik 1657 aus, „daß alle, die als Menschen geboren worden sind, der Unterweisung bedürfen, weil sie Menschen sein sollen und nicht wilde Tiere, rohe Bestien oder unbehauene Blöcke" (S. 44). Auch Kant (1878) stimmt diesem pädagogisch-anthropologischen Entwurf zu, in dem er festhält: „Der Mensch kann nur Mensch werden durch Erziehung" (S. 63). Und schließlich hat Roth (1971) in seiner Pädagogischen Anthropologie in jüngster Zeit den Menschen als „homo educandus" bezeichnet. Und es ist genau diese Erziehungsbedürftigkeit der Gattung Mensch, auf die die Erziehung antwortet. Durch die Erziehungsbedürftigkeit des Menschen – oder wie die philosophische Anthropologie ausführt, durch seine „exzentrische Positionalität" (Plessner, 1975) und aufgrund seines Status' als „Mängelwesen" (Gehlen, 2003) – wird erzieherisches Handeln und das dieses begleitende Bewusstsein, das in systematischer Gestalt als Pädagogik aufgefasst werden kann, begründet. Erziehungsbedürftigkeit des Menschen bedeutet, dass ohne menschliche Fürsorge und liebevolle Versorgung der Säugling nicht überlebensfähig wäre. Die Erziehung setzt also genau an der Stelle – an den „Mängeln" (Gehlen) – an, die die Natur bzw. die genetischen Dispositionen frei und offen gelassen haben. Insofern ist Sünkel (s. o.) zuzustimmen, der Erziehung als die vermittelte Aneignung nicht genetischer Tätigkeitsdispositionen auffasst.

Auf die Frage allerdings, warum Erziehung gelingen kann, gibt die Begründung erzieherischen Handelns keine Antwort. Das, was Erziehung ermöglicht, ist bei aller Bedürftigkeit des Menschen seine enorme Bildsamkeit oder modern ausgedrückt: seine Lernfähigkeit. Die Fähigkeit zu lernen und sich selbst zum Thema des eigenen Denkens zu machen – die Fähigkeit also, sich erzieherische Impulse zu eigen zu machen und sich dadurch zu bilden – sind Voraussetzungen dafür, dass es der Erziehung gelingen kann, erfolgreich Lernprozesse zu initiieren, die es dem Menschen potenziell ermöglichen, mündig zu werden. An dieser Stelle wird aber deutlich, was Prange (1997) mit der spezifischen erzieherischen Situation meint, die unspezifisch auf andere Situationen vorbereiten soll. Der Erzieher kann nur in der gegebenen erzieherischen Situation auf den Zögling erzieherischen Einfluss nehmen und hoffen, dass durch die erzieherische Beeinflussung Lernprozesse in Gang gesetzt werden, die beim Zögling einen Zuwachs an Können, Wissen und Wollen bewirken, so dass er den Anforderungen des Lebens in personaler Selbstbestimmung gewachsen ist und entsprechend auch in der Lage ist, weiter zu lernen, was es zu lernen gilt. Da Mündigkeit und Bildung prinzipiell unvertretbar sind, können sie nur als das „Werk der Erziehung" (Flittner, 1997, S. 116) aufgefasst werden, und demzufolge richtet Erziehung, oder besser: kann Erziehung ihren Fokus immer nur auf die Ermöglichung von Lernprozessen und nicht auf das Lernen oder gar auf die Mündigkeit an sich richten. Das heißt aber auch, dass die Bewertung der erzieherischen Bemühungen definitiv nicht vom Resultat her vorgenommen werden dürfen, sondern vielmehr nur durch die Bewertung der Formen des erzieherischen Handelns, mit denen der Pädagoge auf die Anbahnung von Lernprozessen hingewirkt hat.

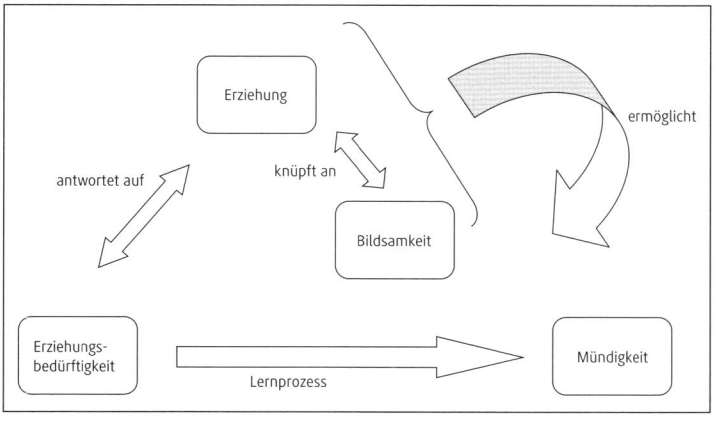

Abb. 6: Zur Begründung von Erziehung

Diese pädagogisch-anthropologische Grundlegung von Erziehung hat für die erzieherischen Hilfen keine geringe Bedeutung. Denn es wird deutlich, dass erzieherische Bedarfe zum einen auf eine Erziehungsbedürftigkeit hinweisen, und dass diesem Bedarf zum anderen mit erzieherischen Handlungen begegnet werden muss, bei denen allerdings nicht klar ist, ob die betroffenen Familien auch das lernen, was sie sollten oder müssten, um Gefährdungsmomente des Kindeswohls abzuwenden. Deutlich wird weiterhin, dass der zuständige (Sozial-)Pädagoge im Grunde „nur" als Lernhelfer fungiert, zwar nach „bestem Wissen und Gewissen", doch kann er nicht garantieren, dass seine erzieherischen Bemühungen die (mögliche) Kindeswohlgefährdung abwenden.

3.2 Erziehung in formaler Hinsicht

Wenn sich dem Phänomen Erziehung mittels Begriffsbildung nur bedingt bei kommen lässt, dann kann ein anderer Weg zur Erhellung des Phänomenbereichs darin bestehen, das zu beschreiben, was sich uns als Erziehung in der Lebenswelt darstellt. Denn ob Erziehung nun begrifflich gefasst wird oder nicht, ihre Faktizität ist unbestreitbar. Das heißt, wenn wir nicht von Erziehung als solcher sprechen können – weil die Begriffsbildung dies nicht so ohne Weiteres zulässt –, dann besteht eine Möglichkeit darin, wenn von und über Erziehung gesprochen werden soll, die konkreten Formen der Erziehung zu thematisieren, denn ohne ihre Formen, lässt sich Erziehung nicht zu Sprache bringen (Prange, 2004, 2008). Und blickt man auf die Formen der Erziehung, so blickt man auch zugleich auf die Formen pädagogischen Handelns, da es ja das konkrete Handeln erst erlaubt, dieses formal zu fassen. Die Versuche, Erziehung und erzieherisches Handeln formal zu fassen, haben eine ebenso lange Tradition wie die der Begriffsbildung. Interessant ist aber, dass sich diese formalen Versuche als Erziehungsmetaphern verstehen lassen, die sich an (damalige und auch heute noch) vorfindbaren Motiven orientieren. In Anlehnung an Prange (2008) können fünf Motive genannt werden, auf die hier nur kursorisch eingegangen wird.

Orientierung an naturwüchsigen Motiven

An erster Stelle steht hier die *„Erzieher als Gärtner"-Metapher*. Hier wird der Erzieher zum Gärtner, der die freie Entfaltung der Pflanze Kind begleitet und an den Stellen, an denen es notwendig erscheint, mit den Mitteln des Landschaftsbaus eingreift. So werden beispielsweise „Triebe" beschnitten oder stützend-richtende Streben angebracht. Grundgedanke hierbei ist, dass im Kinde das gesamte Entwicklungspotential schon bereit liegt und durch gute „Hege und Pflege" zur Entfaltung gebracht werden kann.

In gleicher Weise verhält es sich mit der *„Erzieher als Hebamme"-Metapher*. Ähnlich naturanalog wie die Gärtner-Metapher – wenn gleich bildungsphilosophisch weit reichender und tiefer gehender–, liegt hier die sokratisch-platonische Vorstellung von Erziehung zu Grunde, die sich als Entbindung dessen begreift, was in uns bereits angelegt ist. Dieser Gedanke ist bis heute aktuell, und die Idee einer mäeutischen Pädagogik und eines sokratischen Lehr-/Lern-Arrangements hat nichts von ihrer Faszination eingebüßt.

Orientierung an handwerklich-mechanischen Motiven

Ein etwas anderer Gedanke liegt der *„Erzieher als Handwerker"-Metaphorik* zu Grunde. Hier ist es der Handwerker, der durch sein Zutun und seine handwerklichen Mittel das Werkstück Kind als Mensch erst hervorbringt, oder aber auch – im Falle einer Fehlfunktion – dieses repariert und wieder ordentlich in Gang setzt. Erziehen wird in dieser Metapher begriffen „als Schrift auf der leeren Tafel des Gemüts oder als Stempel, der dem Wachs die gewünschte Prägung gibt" (Prange, 2008, S. 942).

Orientierung an künstlerischen Motiven

Zwar hat der Künstler auch unterschiedliche Mittel, sein Kunstwerk hervorzubringen, doch liegt der Unterschied zum Handwerker darin, dass die künstlerische Produktion prinzipiell offen und auch unbestimmt ist. Der *„Erzieher als Künstler"* lässt das Kunstwerk Kind – gewissermaßen in Koproduktion – entstehen und weiß während der

Entstehungsgeschichte noch nicht, wie das Kunstwerk letzten Endes beschaffen sein wird und was es genau auszeichnet. Erziehung in diesem Sinne gleicht einer Kunstlehre und basiert auf einer Kunde, und unterscheidet sich damit vom Handwerker, von dem man ja erwarten kann, dass der Gegenstand seiner sachkundigen Bemühungen von ihm wieder in den Stand der Funktionstüchtigkeit gesetzt wird.

Orientierung an heilenden Motiven

Der *„Erzieher als Arzt der Seele"* (ebd., 941) ist ein ebenso altes Motiv. In vielen Kulturen, auch in Europa, kommt den Heilkundigen auch nicht selten die Aufgabe zu, zu erziehen. Darüber hinaus verordnet der Erzieher die Heilmittel (*medicina mentis*) bzw. wendet diejenigen Erziehungsmittel an, die zur geistigen, seelischen und körperlichen Gesundheit führen. „Erziehung in den Formen der Therapie rechnet mit unserer akuten oder chronischen Hilfsbedürftigkeit und hält die Heilmittel bereit, um uns kurativ zu versorgen" (Prange, ebd., S. 941).

Orientierung an quasi religiösen Motiven

Schließlich müssen auch die Formen pädagogischen Handelns noch erwähnt werden, die im Grunde auf einen Offenbarungscharakter der Erziehung abheben. Die geistesgeschichtliche Tradition der Metapher vom *„Erzieher als Erleuchter"* reicht bis zum Höhlengleichnis Platons (2006) zurück. Erziehung gleicht einer Feuertaufe, „die mit einem Schlage für die *illuminatio* und den Schritt vom Dunkel der Tiefe in die Sonne des Guten und Wahren sorgt" (Prange, 2008, 942).

Trotz aller Unterschiedlichkeit der metaphorischen Erziehungsvorstellungen, ob nun als naturanaloge Fürsorge, als methodisches Gestalten, als künstlerische Hervorbringung oder als inspirierende Offenbarung, haben diese Vorstellungen zwei Sachverhalte gemeinsam. Zum einen geht es in der Erziehung immer um die *Veränderung der Zustände von Personen durch Lernen* (Prange, 2008). Die Entwicklung der Person findet also durch Lernen statt, und Erziehung richtet sich auf das Lernen des Menschen und nicht auf den Menschen als solchen. Zum anderen kommen in allen metaphorischen Denkfiguren drei Komponenten zum Tragen, die wechselseitig aufeinander verweisen und die die kommunikative Struktur der Erziehung fassen. Das, was Erziehung formal ausmacht, ist ihre triadische Struktur, die besser bekannt ist als *didaktisches Dreieck*. Wenn also von Erziehung gesprochen wird, dann hat man es formal mit einem triadischen Gebilde zu tun, das aus den Elementen Erzieher, Zögling und Thema besteht. In diesem Sinne kann nur von Erziehung gesprochen werden, wenn diese drei Elemente kopräsent gegeben sind. Immer geht es um die Vermittlung von Themen durch den Erzieher an einen Zögling, der sich diese Themen lernend aneignen soll. Und das, was diese Elemente im Kern miteinander verbindet, ist die Form der Erziehung, auf die nun noch genauer eingegangen werden soll.

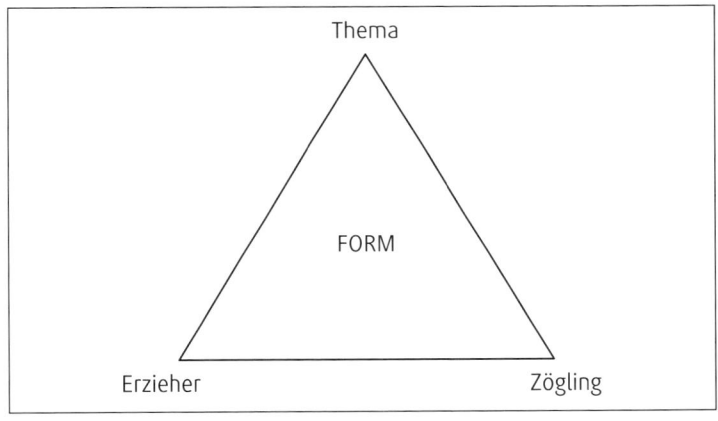

Abb. 7: Das didaktische Dreieck

Mit der Idee, Erziehung als ein Interaktionsfeld aufzufassen, in dem mindestens zwei Personen über Themen miteinander in Kontakt treten, wobei der eine Themen vermittelt und der andere sich die Themen lernend aneignet, ist ein Rahmen geschaffen, mit dem man sich den „Hilfen zur Erziehung" schon etwas genauer nähern kann. Begreift man die „Hilfen zur Erziehung" in diesem Sinne pädagogisch, dann geht es bei allen Hilfsangeboten, ob nun bei der Erziehungsberatung oder der Heimerziehung, immer um Themen, die vom Kind, von der Familie oder von den Eltern gelernt werden müssen, um die Kindeswohlgefährdung aufzuheben. Diese Themen müssen durch den Pädagogen so vermittelt werden, dass sie auch von den Kindern, Jugendlichen und deren Familien gelernt werden können. Und ob das gelingt, darüber entscheiden die Formen des pädagogischen Handelns in der Durchführung der erzieherischen Hilfen. Doch eines bleibt unbestritten. Nimmt man einen pädagogischen Zugang zu den „Hilfen zur Erziehung" ernst, dann zielen diese immer auf die Korrektur bzw. Weiterentwicklung der „Zustände" der Kinder, Jugendlichen und deren Eltern und nicht direkt auf deren Persönlichkeit. Dies wäre eine Aufgabe der Psychotherapie. Erziehung im Rahmen der „Hilfen zur Erziehung" soll den beteiligten Personen das Lernen ermöglichen, das es braucht, um erziehungsrelevantes, dem Kindeswohl zuträgliches Wissen zu erwerben, Fähigkeiten einzuüben und Haltungen auszubilden. Dass auf diesem Wege Persönlichkeitsentwicklung statt finden kann, ist zwar durchaus möglich, aber nicht primär intendiert.

3.3 Elemente der Erziehung

Nach der pädagogisch-anthropologischen Annäherung, die ja im Grunde zunächst ganz hilfreich war, über den Versuch der Begriffsbestimmung, der nicht soviel Erhellendes mit Hinblick auf die Bedeutung von Erziehung für die „Hilfen zur Erziehung" beigetragen hat, bis hin zur Form der Erziehung, die schon gut dazu taugt, erzieherische Hilfen in einem ersten Schritt pädagogisch zu bestimmen, ist nun ein Punkt erreicht, an dem man mit Fug und Recht fragen kann, welche Elemente denn nun die Form der Erziehung ausmachen bzw. welche Elemente konkret gegeben sein müssen, um von Erziehung zu sprechen. Es geht also um die eingangs gestellte Frage, was mindestens gegeben sein muss, um von Erziehung zu sprechen. Der Blick richtet sich nun direkt auf die Operation des Erziehens und darauf, wie diese Operation beschrieben werden kann. Die Beantwortung dieser Frage erhellt nicht nur das Phänomen der Erziehung im Allgemeinen, sondern hat auch den positiven Nebeneffekt, dass Pädagogen dadurch in die Lage versetzt werden, Auskunft über ihre eigentümliche Expertise zu geben. Ausgangspunkt ist die Überlegung, dass die Pädagogik, mit ihren sich immer weiter ausdifferenzierenden Bereichspädagogiken, Gefahr läuft, das eigentlich *Pädagogische* aus den Augen zu verlieren. Dies hätte fatale Folgen sowohl für die Disziplin als auch für die Profession, da sich beide so überflüssig machen würden. „So weit, so gut!" könnte man sagen, oder: „So ist es halt mit der Pädagogik!" und vielleicht macht genau diese scheinbare Überflüssigkeit den niedrigen gesellschaftlichen Stellenwert der Pädagogik und das geringe Ansehen von Lehrern und Erziehern aus. Blickt man allerdings über den Tellerrand der eigenen Disziplin und Profession hinaus, muss man feststellen, dass, mit Hinblick auf Ausdifferenzierung, die Medizin zum Beispiel eine ähnliche Entwicklung genommen hat. Deren gesellschaftlicher Stellenwert, und auch das Ansehen der Ärzteschaft, sind bislang noch unbestritten. Nun könnte man sagen, das liegt daran, dass die Behandlung von Krankheit und das Bemühen um Herstellung von Gesundheit ein gesellschaftlicher Zentralwert ist, der von allen anerkannt wird – so ist es aber, schaut man genauer hin, mit der Erziehung und Bildung auch, zumindest in der öffentlichen und fachlichen Diskussion. Erziehung und Bildung stellen gemeinsam ebenfalls einen gesellschaftlichen Zentralwert dar. Also, was ist es denn dann nun, das die Medizin von der Pädagogik strukturell unterscheidet? Eine Antwort gibt der Medizinhistoriker Heinrich Schipperges (1970). Es sei eine spezifische Grundoperation, die die Medizin als Disziplin und die ärztliche Praxis, trotz der immensen Ausdifferenzierung, konzeptuell zusammenhält und damit disziplinäre und professionelle Identität stiftet, denn im „Ursprung der Heilkunde steht der Eingriff" (ebd., S. 7). Das Eingreifen bzw. der Eingriff ist die „Urgebärde des handelnden und behandelnden Arztes" (ebd., S. 132). In welchen Formen und in welchen Zusammenhängen auch immer der Eingriff zu Tage tritt, die Gebärde des Eingreifens „macht den Kern dessen aus, was Herzchirurgie und Strahlenbehandlung, Akupunktur und Orthopädie bei allen Verschiedenheiten gemeinsam haben" (Prange, 2005, S. 22). Und diese Signatur des ärztlichen Handelns ist nicht etwas, das sich erst im Laufe der Professionsentwicklung – wie zum Beispiel die Entwicklung der Apparatemedizin und des medizinisch-technischen Fortschritts – herausgebildet hat, sondern kann als *die* Grundgebärde bezeichnet werden, von der alle weitere Entwicklung ihren Ausgangspunkt nimmt und die auch immer wieder den Bezugspunkt für das ärztliche Handeln und die medizinische Theoriebildung abgibt. Und entsprechend verweist diese

Grundgebärde auf die Anfänge ärztlicher Tätigkeit und des damit verbundenen medizinischen Nachdenkens.

Das Zeigen

Wenn es also eine zentrale Signatur ist, die die Einheit der medizinischen Disziplin und Profession stiftet, dann stellt sich nun folgerichtig die Frage nach einer möglichen zentralen Signatur der Pädagogik und der Erziehung. Fuhr (1999) fasst die Forschungsergebnisse der Operativen Pädagogik, deren Gegenstand die phänomenologische Analyse der Operation des Erziehens ist, prägnant zusammen und gibt eine eindeutige Antwort auf die eingangs gestellte Frage: „(…) wenn pädagogisch gehandelt wird, wird immer etwas gezeigt, und wenn nichts gezeigt wird, so wird nicht pädagogisch gehandelt" (S. 110). Ohne Zeigen keine Erziehung! Und Prange (2005) ergänzt, dass das „Zeigen (…) so sehr und ausdrücklich die zentrale Kompetenz des Erziehens (ist), dass der Zeigestock und der Zeigefinger in der überlieferten Ikonographie als Standes- und Erkennungszeichen der Erzieher von Beruf dienen" (S. 44). Das Zeigen mit dem Zeigefinger/Zeigestock versinnbildet jene Urgebärde des handelnden Erziehers und weist so, korrespondierend zum eingreifenden Arzt, die Figur des zeigenden Erziehers aus. Es ist das Zeigen, das sowohl die Einheit der pädagogischen Disziplin und Profession stiftet als auch die pädagogischen Subdisziplinen (Sozialpädagogik, Erwachsenenbildung, Sonderpädagogik, Schulpädagogik) miteinander verbindet, oder besser: verbinden sollte. Und ähnlich der ärztlichen Gebärde, verweist das Zeigen als *die* zentrale Signatur der Erziehung auf den Ursprung erzieherischen Handelns. Zeigen und Erziehung sind untrennbar mit einander verbunden. Und die Quellen, die auf diese Grundgebärde des Erziehens Bezug nehmen, reichen bis in die Antike. Einem Hinweis von Klaus Prange folgend, dem hier ein herzlicher Dank ausgesprochen werden soll, kann das Zeigen als Sichtbarmachen des Unsichtbaren, also als die Darstellung und das zum Erscheinen bringen des nicht direkt Gegebenen, auf den Vorsokratiker Anaxagoras (geboren 499 v. Chr., gestorben 428 v. Chr.) zurückgeführt werden, der damit – durch Literaturquellen gesichert – als erster erziehender Philosoph gelten kann (Mansfeld, 2007). Nach Clemens von Alexandrien soll Anaxagoras bereits Diagramme für die Darstellung von Gedanken benutzt haben. Ebenso kann ein Beleg für die Zeigestruktur des Erziehens in Platons Menon (1994) gefunden werden. Dort bedient sich Sokrates einer Zeichnung im Sand, um Menon zu zeigen, wie man ein Quadrat verdoppelt. Beim Erziehen geht es demnach immer darum – damals und heute –, Sachverhalte und Situationen, oder allgemeiner: Themen, so zur Darstellung zu bringen, dass sich der Zögling diese potenziell auch anzueignen vermag.

Es ist also das Zeigen, das sowohl Gegenstand der Pädagogik ist – und hier besonders der Didaktik, die als Kunstlehre des Zeigens verstanden werden kann – als auch die zentrale Kompetenz des Erziehers darstellt. Und besonders interessant wird es, wenn man sich den Formen des Zeigens zuwendet, denn die Grundgebärde lässt sich zunächst in vier *elementare Formen* unterscheiden (Prange u. Strobel-Eisele, 2006).

Zunächst ist das *ostensive Zeigen* im Sinne des „Ich zeig' dir, wie das geht" zu nennen. Das ostensive Zeigen konzeptualisiert das übende Zeigen. „Die *Übung* (kursiv O.H.) stellt eine pädagogische Handlungsform dar, in der auf die elementaren kindlichen Lernbewegungen immer wieder mit unterstützenden, mitahmenden, auffordernden Eingriffen von Seiten des Erziehers geantwortet wird" (ebd., S. 53). Ziel des übenden Zeigens ist das Hervorbringen von Gewohnheiten und lebenspraktischen Routinen, die dem Menschen helfen, sein Leben teilweise gewissermaßen automatisiert zu leben. Gewohnheiten und Routinen erleichtern in diesem Sinne das Leben, weil nicht immer alles jeden Tag neu durchdacht und eingeübt werden muss. Pädagogisch wird das ostensive Zeigen aber dadurch, dass die dadurch hervorgebrachten Gewohnheiten und Routinen offen sind für ihre Überwindung durch neue und alternative Routinen und Ansichten.

Das *repräsentative Zeigen* im Sinne des „Ich zeig' dir, wie es ist" zielt auf die Darstellung. Pädagogisches Handeln im repräsentativen Modus ist „(…) als Darstellung der Welt ein Zeigen und Sehenlassen des Unsichtbaren" (ebd., S. 61 ff.). Repräsentatives Zeigen ist im Kern unterrichtendes Zeigen. Die einfachste und grundlegendste Weise, in der repräsentativ gezeigt wird, ist das Unterrichten. Durch *Unterrichtung* werden Sachverhalte und Situationen, die außerhalb der erzieherischen Situation angesiedelt sind, in der erzieherischen Situation zur Darstellung gebracht, so dass Lernen über und mit den Sachverhalten und Situationen möglich wird. Dass diese Darstellung von etwas Unsichtbarem in der erzieherischen Situation gelingt, ist auf die Natur der Sprache zurückzuführen. Das Sprechen lässt das Thema, um das es geht, in der aktuellen Situation präsent werden und ermöglicht so die Auseinandersetzung mit dem Gegenstand.

Das *direktive Zeigen* im Sinne des „Zeig' dich mir" kann als Aufforderung zur Selbsttätigkeit begriffen werden. So paradox es klingen mag, doch Selbstbestimmung, Freiheit und Mündigkeit als zentrale Ziele der Erziehung sind zunächst in einem hohen Maße auf Fremdbestimmung angewiesen. Erst durch die Aufforderung kann der Mensch etwas tun oder es auch sein lassen. Von Bedeutung ist allerdings, dass sich auch diese Form pädagogischen Handelns, wie bereits dargestellt, immer auf den Zustand von Personen, also auf etwas Drittes, bezieht, über den dann mittels Konfrontation, Klarifikation und Aufforderung gesprochen wird. Die Aufforderung, will sie die Motive, Absichten und Haltungen der Menschen erreichen, muss sich dementsprechend immer am Lernstand des Menschen orientieren, und sie muss berücksichtigen, was bereits an Können und Wissen, das ostensiv und repräsentativ gezeigt wurde, vorhanden ist. In diesem Sinne ist die *Beratung* prototypisch für direktives Zeigen.

Das *reaktive Zeigen* schließlich im Sinne des „Ich wird's dir zeigen" fasst konzeptuell die Rückmeldung. Rückmeldung als pädagogische Form thematisiert das Lernen selbst und verweist darauf, was aus Sicht des Erziehers aus der Aufforderung, der Übung oder der Darstellung geworden ist oder gemacht wurde. Bei der Rückmeldung ist besonderer Takt geboten, da die Gefahr besteht, dass das reaktive Zeigen die Zustände der Person verfehlt und sich direkt an die Person richtet. Folgen einer solchen Fehlform des reaktiven Zeigens können Kränkungen und Demütigungen auf Seiten des Zöglings sein. Hier ist insbesondere die *Prüfung* zu nennen, die das reaktive Zeigen am deutlichsten verkörpert.

Das Zeigen als ein Element der Erziehung lässt sich also weiter auffächern in seine ostensiven, repräsentativen, direktiven und reaktiven Elemente. Eine immense Praxisrelevanz für den handelnden Pädagogen ergibt sich dann, wenn man sich vor Augen führt, dass es diese elementaren Formen als Reinformen gar nicht geben kann, sondern dass diese Elemente in *komplexe Formen* pädagogischen Handelns eingebunden sind. Und diese komplexen Formen sind jedem bzw. sollten jedem Pädagogen geläufig sein, weil sie sich auf sein genuines Handwerkszeug beziehen. Komplexe Formen pädagogischen Handelns können – je nach pädagogischer Orientierung – als Erziehungsmittel, Fördermittel, pädagogische Interventionen, pädagogisch-therapeutische Verfahren usw. aufgefasst werden. Sie verweisen also auf die Mittel, die der Erzieher verwendet, um Lernprozesse beim Zögling zu initiieren. In diesem Sinne geben die komplexen Formen pädagogischen Handelns einen Hinweis darauf, wie die erzieherischen Hilfen pädagogisch ausgestaltet werden können, um beim Kind, Jugendlichen und bei den Eltern Lernprozesse in Gang zu setzen.

Die hier vorgestellten komplexen Formen sind nur eine Auswahl, die keinen Anspruch auf Vollständigkeit erhebt. Ausschlaggebend für diese Auswahl ist deren Praxisrelevanz für die „Hilfen zur Erziehung".

In Orientierung an Prange und Strobel-Eisele (2006) sollen hier sieben komplexe Formen pädagogischen Handelns kurz dargestellt werden.

- Das *Arrangement* ist für den Bereich der erzieherischen Hilfen besonders bedeutsam. Denn wer aus erzieherischen Gründen etwas arrangiert, „gestaltet eine Situation zum Zwecke des Lernens und schafft die Bedingungen der Möglichkeit für eine Lerngelegenheit (…)" (ebd., S. 107). Sozialpädagogisches Handeln im Kontext der „Hilfen zur Erziehung" muss in dieser Perspektive als der Versuch angesehen werden, „auf die Lage von hilfsbedürftigen Klienten so zu reagieren, dass über geeignete Arrangements nicht nur aktuell geholfen, sondern auch Lernprozesse in Gang gesetzt und unterstützt werden. Fällt der Bezug auf Lernen heraus, bleibt nichts als Sozialarbeit übrig" (ebd., S. 115). Das heißt, dass hier eine Trennlinie zwischen pädagogischem und nicht-pädagogischem Handeln verläuft. Nur wenn das Arrangement so gestaltet ist, dass Lernen ermöglicht werden soll, ist das Arrangement pädagogisch. Das heißt aber auch, dass nicht jedes unterstützende und helfende Handeln pädagogisch sein muss. So ist zum Beispiel der Fahrdienst einer Behinderteneinrichtung oder das Ausfüllen eines Antrags auf Elterngeld nicht pädagogisch im engeren Sinne, gleichwohl aber notwendig und auch situativ betrachtet sinnvoll.
- Das *Spiel* kann ebenfalls in den Dienst pädagogischer Absichten gestellt werden, wenn man die Annahme zu Grunde legt, „dass das Spiel dazu dient, in übender Einstellung erst Fertigkeiten und dann Kenntnisse und Vorstellungen auszubilden, die dann im sozialen

Verkehr unter dem Gesichtspunkt von Regeln zur Geltung gebracht werden" (ebd., S. 122). Das Spiel gibt es in der Pädagogik als Erziehung zum und durch das Spiel. Dieser Sichtweise liegt die Annahme zu Grunde, dass zum einen die Spielfähigkeit des Menschen ein Ausdruck seiner Gesundheit ist. Das wäre der Modus: Erziehung zum Spiel. Zum anderen kann durch das Spiel erzogen und gefördert werden (Erziehung und Förderung durch das Spiel). Es können so gezielt spezifische Lernbedarfe in den Blick genommen werden, Lernprozesse gezielt thematisch werden. Das Spiel als „ eine Arznei und ein Mittel der Entspannung" (Aristoteles, 2003, S. 342) gehört im klassischen Sinne neben der Gymnastik und der Musik zu den musischen Bildungsmitteln.

- Die *Arbeit* kann in gleicher Weise pädagogisch in den Dienst genommen werden. Durch Arbeit kann das Kind, der Jugendliche oder auch der Erwachsene lernen, von der eigenen unmittelbaren Gestimmtheit abzusehen, um auch Dinge voranzubringen und zu betreiben, für die man zunächst keine Lust empfindet. Arbeit diszipliniert, man muss sich an sie gewöhnen, und sie ist das zentrale Medium der sozialen Vermittlung von Identität. Die Erziehung zur Arbeit und eben auch die Erziehung durch Arbeit sind zentrale Elemente sozialpädagogischen Handelns im Kontext der „Hilfen zur Erziehung". Wobei im pädagogischen Sinne unter Arbeit nicht nur eine berufsmäßige, sozialversicherungspflichtige Tätigkeit verstanden wird, sondern alle Tätigkeiten, die verrichtet werden müssen, um eine möglichst selbst bestimmte Lebenspraxis erreichen und aufrecht erhalten zu können. Hierzu zählt beispielsweise auch, dass es Sinn macht, die Wäsche zu waschen und das Geschirr zu spülen, auch wenn man sich dazu nicht allzu sehr berufen fühlt. Im didaktischen Sinne ist die pädagogisch inszenierte und künstlich hergestellte Knappheit das Mittel der Wahl der Arbeitserziehung.
- Das *Erlebnis* wird zu einer komplexen Form pädagogischen Handelns dadurch, dass durch spezifische und begründbar geplante Inszenierungen Erlebensmöglichkeiten geschaffen und Erlebnisräume geöffnet werden. Bedeutsam beim Erlebnis als pädagogische Intervention ist, dass es nicht so sehr darauf ankommt, was erlebt wird, sondern wie erlebt wird. Insofern ist das Erleben immer ein höchst individuelles. Der Erlebnispädagogik geht es in dieser Perspektive darum, „das

Erleben in den Dienst bestimmter Zwecke des Lernens zu stellen" (Prange & Strobel-Eisele, 2006, 135). Sie tut dies mit pädagogischen Arrangements, die die Kinder und Jugendlichen in methodisch kontrollierte krisenhafte Situationen führen, um einerseits Routinen erlebensnah infrage zu stellen und um andererseits aus dem Zustand der inneren und äußeren Verwirrung alternative, und damit vielleicht funktionalere, Routinen, insbesondere Haltungen und Einstellungen, entwickeln zu können.

- Der *Unterricht* wird primär verstanden als Vermittlung von Wissen und hat damit vordringlich Informationscharakter. Durch neues, erweitertes und alternatives Wissen, das vorher so nicht gewusst wurde und zur Verfügung stand, können viele als problematisch empfundene Situationen bewältigt werden. Gefragt ist beim Unterricht auf Seiten des Pädagogen ein profundes Sach- und Tatbestandwissen, das dieser dem Klienten vermittelnd in der Weise zeigen soll, dass dieser sich dieses Wissen lernend aneignen kann und durch Einsatz des Wissens, also durch handelnde Umsetzung, zu einem erweiterten Handlungsspielraum kommen kann. Denn durch Wissen erschließt sich die Welt und vieles, das vorher unverstanden und damit bedrohlich war, lässt sich durch Wissenszuwachs verstehen und damit auch handhabbarer machen.
- Die *Beratung* bietet sich im pädagogischen Sinne immer dann an, wenn es um Fragen des Lebens geht, die mit dem Erwerb von Fähigkeiten und Wissen nicht beantwortet werden können. Beratung setzt Wissen und Können voraus und fokussiert mehr auf die Haltungen und Einstellungen des Menschen. Gegenstand einer Beratung sind zumeist Entscheidungen, die sich im Laufe des Lebens immer wieder stellen, die entschieden werden müssen, die der Ratsuchende aber aktuell nicht entscheiden kann. Mit Hinblick auf diese Entscheidungsverpflichtung stellt Beratung ein Mittel der Orientierung dar, das einen Urteilsbildungsprozess in Gang zu setzen vermag, an dessen Ende dann die (wiedererlangte) Entscheidungsfähigkeit des Ratsuchenden steht. Didaktisch betrachtet ist Beratung nicht so sehr auf einen abgegrenzten Rahmen, wie zum Beispiel die Erziehungsberatungsstelle einen bietet, angewiesen. Vielmehr lassen sich auch beraterische Momente in anderen komplexen Formen pädagogischen Handelns realisieren (Hechler, 2010).

- Die *Strafe* stellt eine komplexe Form pädagogischen Handelns dar, von der man sich fragen kann, ob sie überhaupt als pädagogisches Erziehungsmittel gelten kann oder ob nicht vielmehr die Strafe das Scheitern der Erziehung bedeutet. Die Gegenüberstellung von Erziehung und Strafe greift allerdings zu kurz. Die Strafe muss als Form pädagogischen Handelns angesehen werden, da dem Lernenden, so paradox es klingen mag, damit gezeigt wird, „dass wir ihn als Person anerkennen, der wir zutrauen, dass sie Regeln, die allerdings auch ausgesprochen und verstanden sein müssen, befolgen, Aufgaben wahrnehmen und Pflichten auch tatsächlich ausüben kann" (Prange-Strobel-Eisele, 2006, S. 146). Pädagogisches Handeln gibt es nicht ohne Sanktionen, wenngleich natürlich richtig ist, dass Sanktionen alleine noch keine Erziehung abgeben. Aber: Mit einer Strafe, die auch als Konsequenz zu verstehen ist, werden Grenzen, die vorher markiert und vom Kind, Jugendlichen oder Erwachsenen verstanden wurden, fühlbar gemacht, wenn sie übertreten worden sind.

Die komplexen Formen pädagogischen Handelns verweisen ganz konkret auf die Mittel, die der Erzieher einsetzt, um auf das Lernen des Zöglings einzuwirken. Ob nun im Kontext der Kinder- und Jugendhilfe, der Erwachsenenbildung, der Behindertenhilfe, der Altenhilfe, der Frühpädagogik oder der Schule, immer wenn absichtsvoll auf das Lernen des Menschen eingewirkt werden soll, bedienen sich Pädagogen dieser Mittel.

Das heißt, mit Hinblick auf die eingangs formulierte Frage, was gegeben sein muss, um von Erziehung zu sprechen, kann bislang festgehalten werden, dass das Zeigen – unter Berücksichtigung seiner unterschiedlichen Formen – als ein Element der Erziehung aufgefasst werden kann.

Das Lernen

Aus den bisherigen Ausführungen zur Anthropologie, zur Form und zur Zeigestruktur der Erziehung ist ja deutlich geworden, dass das Zeigen erst dann pädagogisch wird, wenn es auf das Lernen abhebt. Auf unsere Fragstellung bezogen heißt das, Erziehung wird dann erst vollständig begreifbar, wenn komplementär zum Zeigen das Lernen hinzukommt.

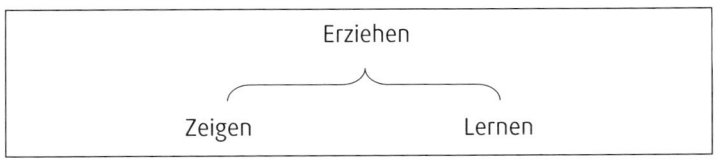

Abb. 8: Elemente der Erziehung

Dass Lernen einen pädagogischen Grundbegriff darstellt, ohne den Erziehung gar nicht auskommen kann, ist erst in jüngster Zeit von führenden Pädagogen deutlich herausgehoben worden (Mayer-Drawe, 2008; Mitgutsch et al., 2008; Göhlich & Zirfas, 2007; Göhlich et al., 2007). Dabei wurde aber auch immer wieder darauf hingewiesen, dass Lernen als Grundbegriff der Pädagogik auch entsprechend pädagogisch zu konzeptualisieren sei. Im Laufe der Beschäftigung mit Lernen als zentraler Bezugsgröße theoretisch-pädagogischer und erziehungspraktischer Anstrengungen entstand ein Unbehagen darüber, dass die modernen Lerntheorien und Lernbegriffe, wie sie von den Biowissenschaften, der Kognitions- und Verhaltenspsychologie und der Soziobiologie bereitgestellt werden, in einem pädagogischen Zusammenhang nicht sinnvoll zu verwenden sind. Zwar sind die traditionsreichen pädagogischen Bemühungen um einen Lernbegriff (Göhlich et al., 2007) scheinbar in Vergessenheit geraten, doch war es aus pädagogischer Sicht schon immer unstrittig, dass Lernen lebenswichtig ist und es nicht nur als Voraussetzung für menschliches (Über-)Leben angesehen werden kann, sondern grundsätzlich die Basis für die Menschwerdung des Menschen abgibt. Diese Ansicht teilen auch andere Disziplinen, die sich mit Lernen beschäftigen, doch ist das *pädagogische* Interesse am Lernen dadurch gekennzeichnet, „dass es nicht nur nach den Modalitäten des Lernens, sondern auch nach dessen Inhalten fragt, d.h. danach, was dieses Lernen mit dem Lernenden und der Welt macht" (ebd., S. 7). Der Pädagogik des Lernens geht es zentral um das wechselseitige Verhältnis von Ich und Welt und um dessen Weiterentwicklung. Insofern bezeichnet Lernen in diesem Verständnis „die Veränderungen von Selbst- und Weltverhältnissen sowie von Verhältnissen zu anderen, die nicht aufgrund von angeborenen Dispositionen, sondern aufgrund von reflektierten Erfahrungen erfolgen und die als begründete Veränderungen von Handlungs- und Verhaltensmöglichkeiten, von Deutungs- und Interpretationsmuster und von Geschmacks- und Wertstrukturen erlebbar sind (…)" (Zirfas, 2007, S. 164).

Aus dieser Definition ergeben sich allgemein vier Charakteristika hinsichtlich der Modalität des Lernens (Göhlich & Zirfas, 2007).

- Lernen muss *erfahrungsbezogen* sein. Das heißt, Lernen knüpft an bereits gemachte Lernerfahrungen an und ist in der Lage, diese zu erweitern, zu modifizieren oder aber auch zu korrigieren, so dass eine fortwährende Weiterentwicklung der dem Menschen aktuell zur Verfügung stehenden Wissensbasis möglich ist.
- Lernen muss *dialogisch* strukturiert sein. Wissen entbindet sich prinzipiell im Gespräch bzw. innerhalb einer Beziehung. Zwar ist Lernen auf der einen Seite unvertretbar, gleichwohl wird es nie ein nur ganz individueller Vorgang sein. In Anlehnung an Prange (1997) kann man sagen: Ohne Sprache und ohne dialogische Beziehung keine Erziehung und auch kein Lernen.
- Lernen muss *sinnvoll* sein. Erst die erlebte Sinnhaftigkeit im Lernen führt zur weiteren Motivation, erhält die Neugierde aufrecht und sorgt gewissermaßen dafür, dass das Lernen zu einem intrinsisch motivierten Prozess wird, der zeitlebens nicht zum Abschluss kommt.
- Lernen muss *ganzheitlich* sein. Da Lernen eben mehr ist als kognitive Umstrukturierung und Verhaltensänderung und Lernen dann am erfolgreichsten ist, wenn ein subjektiver Sinnzusammenhang vom Lernenden hergestellt werden kann, beziehen sich Lernprozesse auf das Fühlen, Denken und Handeln von Menschen.

Im Speziellen lassen sich, vor dem Hintergrund der pädagogischen Definition von Lernen, hauptsächlich drei Dimensionen des Lernens ableiten. Erstens das Wissen-Lernen, zweitens das Können-Lernen und drittens das Leben-Lernen. Genau genommen lässt sich auch noch auf eine vierte Dimension, die des Lernen-Lernens, verweisen, doch ist diese Dimension den jeweiligen Dimensionen mitgegeben. Das heißt, sowohl beim Wissen-Lernen, Können-Lernen als auch beim Leben-Lernen, lernt der Mensch auch immer etwas darüber, wie er lernt.

Doch zunächst zum *Wissen-Lernen*. Beim Wissen-Lernen geht es um die Sache. Das heißt aber nicht, dass nicht auch Körperliches, Soziales, Emotionales oder Sprachliches als Wissen sachlich lernbar gedacht werden kann. Im analytischen Prozess des Wissen-Lernens dringt man von undeutlicher zur deutlichen Erkenntnis vor. Das Wissen-Lernen vollzieht sich im Übergang von Nicht-Wissen zu Wissen und legt die Fähigkeit des Menschen zu Grunde, sowohl dazuzulernen als auch umzulernen. Im professionellen pädagogischen Verhältnis sind sachbezogenen Fragestellungen am sinnvollsten dadurch zu begegnen, dass sich der Pädagoge auf die Vermittlung und der Lernende auf die Aneignung von Information, bzw. Wissen, beziehen. Ein Zugewinn von entsprechendem Wissen führt in der Regel zur Beantwortung der sachbezogenen Frage und darüber hinaus zu einer Erweiterung des zur Verfügung stehenden Wissens.

Nun ist das Wissen aber nur die eine Seite. Die Signatur menschlicher Lebenspraxis ist die Handlung. Der Mensch kann zwar viel Wissen erwerben, das heißt aber noch nicht, dass er auch in der Lage ist, dieses Wissen handelnd umzusetzen. Auf diese Umsetzungsfähigkeit hebt die zweite Dimension des Lernens ab. Beim *Können-Lernen* geht es um verkörperlichte Handlungsfähigkeit. Das gelernte Wissen muss vom Akteur auch handelnd umgesetzt werden können. Das bedeutet, dass zwar das Wissen der Sache nach objektivierbar ist, die handelnde Umsetzung des Wissens sich aber einer Objektivierung entzieht. So können verschiedene Menschen die gleiche Information vermittelt bekommen, was die Einzelnen dann aber daraus machen (können), darüber entscheidet – mehr oder weniger gewollt und bewusst – das Subjekt. Der Grad der Umsetzung des Wissens in lebenspraktische und lebensrelevante Handlungen hängt von den Fähigkeiten und der Verfasstheit des Subjekts ab. Etwas können ist demzufolge auf tastende Versuche, Nachahmung, wiederholender Übung und Mimesis angewiesen.

Das *Leben-Lernen* schließlich bezieht sich auf die Lebensform, also auf die Haltungen und Einstellungen, die ein Mensch ausgebildet hat, um sein Leben führen zu können. Die Notwendigkeit zur (Selbst-)Formung ergibt sich, wie bereits in den anthropologischen Ausführungen angedeutet, aus der Natur des Menschen als ein seltsames Ding „inmitten der Dinge, das nicht einfach bleiben kann, wie es die Natur entlässt, das nicht in fester Art steht wie ein Fels und eine Welle, wie Pflanze und Tier, das sich vielmehr eine Fassung geben muss, eine Sinngestalt, eine Prägung, ein Gesetz" (Fink, 1970, S. 13). Insofern zielt das Leben-Lernen auf die Herausbildung einer Lebensform. Gleichwohl ist das Leben-Lernen viel umfassender angelegt, denn es thematisiert die gesamte „stufenförmige Erweiterung von basalen Lebenstechniken über Möglichkeiten der Lebensbewältigung und -befähigung bis hin zur biographisch kohärenten und individuell-stilistischen Lebensgestaltung" (Göhlich, Wulf u. Zirfas, 2007, S. 19). Die Fähigkeit, sein Leben zu leben, hängt eng mit den vorherigen Dimensionen des Wissens und Könnens zusammen. Denn erst das Zusammenwirken von Wissen und Können, die durch eine spezifische (Lebens-)Form verbunden sind, führt zu einer individuellen Lebensgestaltung, die es zu pflegen und weiter zu entwickeln gilt.

Zusammengefasst bedeuten die Ausführungen im Allgemeinen, dass man dann von Erziehung sprechen kann, wenn auf Seiten des Erziehers zeigende Bemühungen deutlich zu erkennen sind, die auf das Lernen des Zöglings abheben. Erst das Zusammenspiel von Zeigen und Lernen bringen das Phänomen Erziehung hervor. Im Speziellen korrespondieren darüber hinaus die differenziellen Formen des Zeigens mit den entsprechenden Dimensionen des Lernens.

Elementare Formen des Zeigens	Prototypische Erziehungsmittel (Komplexe Formen des Zeigens)	Formen des Lernens
Ostensives Zeigen	Übung	Können-Lernen
Repräsentatives Zeigen	Unterricht	Wissen-Lernen
Direktives Zeigen	Beratung	Leben-Lernen
Reaktives Zeigen	Prüfung	Lernen-Lernen

Abb. 9: Zum Verhältnis von Zeigen und Lernen

3.4 Die Sphären der Erziehung

Schaut man sich die Abbildung 9 etwas genauer an, dann liegt es nun auf der Hand, dass sich die elementaren Formen des Zeigens mit ihren spezifischen Erziehungsmitteln und die korrespondierenden Formen des Lernens auch spezifischen Sphären der Erziehung zuordnen lassen. Zwar wird das ganze Leben lang wahrscheinlich weiterhin geübt, Wissen erworben und selbstreflexiv geprüft werden müssen, doch kann man davon ausgehen, dass sich die Grunderfahrungen des Lernens – und auch des Zeigens auf Seiten des Erziehers – prototypischen Bereichen der Erziehung zuordnen lassen. Und das heißt auch, dass sich die Zeige- und Lernformen entwicklungsgeschichtlich ordnen lassen und damit auch aufeinander aufbauen. Insgesamt lassen sich nach Prange (2008) drei unterschiedliche Grundbereiche der Erziehung identifizieren.

Familienerziehung

Erziehung beginnt zunächst und zu allererst in und durch die Familie. Da das Kind in die Familie hineingeboren wird und auf liebevolle Pflege und Fürsorge – auf längere Sicht – angewiesen ist, ist die Familienerziehung entwicklungsgeschichtlich die erste und grundlegende Form der Erziehung, in der dementsprechend die grundlegenden Erfahrungen des Erziehens (Zeigens) auf Seiten der Eltern und die grundlegenden Erfahrungen des Lernens gemacht werden. Familienerziehung ist notwendiger Weise eine sehr exklusive und damit auch intime Form der Erziehung, und deren erste Aufgabe besteht in einer gewissen Komplexitätsreduktion. Also durch Selektion der Reize eine förderliche Umwelt für das Kind bereit zu stellen. Innerhalb dieser komplexitätsreduzierten (Lebens-)Welt findet das erste Lernen des Kindes statt, und dieses Lernen ist auf „die sinnfällig-anschauliche Praxis (der Familie) bezogen" (ebd., S. 945). Das heißt nichts anderes, als dass das Kind durch imitierendes, nachahmendes Verhalten lernt und dass sich die Themen des Lernens aus den Notwendigkeiten des Familienlebens ergeben. Es muss gekocht, gewaschen und sauber gemacht werden, auch muss der familiale Alltag organisiert und auch die auftretenden Krisensituationen bewältigt werden. Hieraus ergeben sich die Themen für das kindliche Lernen und das Kind lernt dadurch, dass es die Tätigkeiten und die Verhaltensweisen der Eltern nachahmend wiederholt. Hauptgegenstände dieses Lernens sind der Erwerb von Fähig- und von Fertigkeiten, die mit übendem Wiederholen erworben werden. Die Familienerziehung ist also der grundlegende Erfahrungsbereich des Können-Lernens auf Seiten des Kindes und des ostensiven Zeigens auf Seiten der Eltern. Und daraus ergibt sich eben auch die grundlegende Aufgabe der Eltern, ihrem Kind die familiale Lebenspraxis mit ihren An- und Erfordernissen auch zeigend nahe zu bringen, und zwar in der Weise, dass das Kind in der Lage ist, sich diese auch lernend anzueignen. Für diesen Zeigen/Aneignen-Prozess ist viel Zeit und Geduld nötig.

Schulerziehung

In der Familie werden also übend Fertig- und Fähigkeiten erworben, wie sie im familialen Alltag vorkommen. So bekommt das Kind gezeigt, wie man sich die Zähne putzt, sich anzieht, aufräumt, die Spülmaschine ein- und die Waschmaschine ausräumt, dass man Danke sagt, wenn man etwas bekommen hat, und noch vieles mehr, das auch das zwischenmenschliche Zusammenleben regelt und erleichtert. Der Übergang des Kindes in den Kindergarten mit ca. drei Jahren markiert eine erste Erweiterung des Zeigens und des Lernens. Zwar öffnet sich das familiale Feld schon früher – insbesondere zur erweiterten Familie und zum bestehenden Freundeskreis –, doch ist der Kindergarten ein Lernfeld, in dem nicht nur Fähig- und Fertigkeiten, sondern auch erstes Wissen um die Dinge und die Welt spielerisch erworben werden. Das, was den Eintritt in die Schule aus entwicklungspädagogischer Sicht so bedeutsam macht, ist, dass hier der Übergang von Familie zur Gesellschaft prototypisch und institutionalisiert statt findet. Sind Familie und Kindergarten doch grundlegend gemeinschaftlich organisiert, so ist die Schule nun Repräsentant der Gesellschaft. Nach Prange (ebd.) findet durch den Eintritt in die Schule eine Erweiterung der partikularistischen Moral des Hauses um die universalistische Moral einer Organisation statt. Grundaufgabe der Schulerziehung ist es, die Welt und deren Sachverhalte so darzustellen, dass sie von den Kindern gelernt werden können. Und hier ist es gerade die häufig so beklagte Lebensferne des Unterrichts im Klassenraum, die dafür sorgt, dass sich die Welt in großem Stile zur Darstellung bringen lässt. „Das Ziel ist, die Welt als Inbegriff von Sachverhalten begreiflich und gedanklich verfügbar zu machen, ihr einen Sinn einzulegen und sie dadurch gewissermaßen lesbar zu machen" (ebd., S. 949). Insofern bedeutet schulisches Lernen zuvörderst Lesen und Scheiben lernen! Ist also im Rahmen der Schulerziehung die Grundform des Lernens das Wissen-Lernen, so ist die Grundform des Zeigens das repräsentative Zeigen mittels Unterweisung und Belehrung.

Selbsterziehung

Wenn nun innerhalb der Familienerziehung Fähigkeiten- und Fertigkeiten erworben und im Lebenslauf weiter ausgebaut wurden und im Rahmen der Schulerziehung fundiertes Wissen um die Welt mit ihren Sachverhalten angeeignet wurde, das auch die gelernten Fähig- und Fertigkeiten erhellt und aufklärt und das hierüber hinaus in die Welt weist, so kommt es nun in der Selbsterziehung darauf an, etwas aus diesem Können und Wissen zu machen. Das heißt, Lernen ist nicht nur Übung und Aneignung, sondern in hohem Maße reflexiv-existenziell im Sinne der Thematisierung des Verhältnisses, das wir zu uns selbst haben. Der Mensch ist also aufgefordert, seinem Leben in Auseinandersetzung mit den Anderen, der Welt und mit sich selbst eine individuelle Form zu geben. Diese Formgebung – man könnte auch sagen: Bildung – vollzieht sich ebenfalls als Lernprozess. Und der maßgebliche Kontext dieses Lernens ist die individuelle Lebensgeschichte im Rahmen eines Lebenslaufs, der prinzipiell unter der Maßgabe eines unabschließbaren, weitergehenden lebenslangen Lernens steht. Diesem Lernen, das sich aus den Anforderungen des Lebens ergibt, kann sich der Mensch nicht entziehen, und selbst wenn er dies versucht, muss er sich mit den Konsequenzen einer Nicht-Entscheidung auseinander setzen. Im Gegensatz zum Lernen in der Familien- und Schulerziehung, das prinzipiell in eine ergebnisoffene Zukunft weißt, muss sich das Lernen im Rahmen der Selbsterziehung überwiegend auf die Bewältigung der Konsequenzen früherer Entscheidungen beziehen und hierauf aufbauend eine Zukunft entwerfen.

3.5 Die Ethik der Erziehung

Konnte bislang der Zusammenhang zwischen Zeigeformen, Lernformen und deren grundlegenden Erziehungsbereichen festgestellt werden, so muss nun noch ein kurzer Blick auf die Moral der erzieherischen Bemühungen und auf deren ethische Einbindung geworfen werden. Denn das, was Erziehung ausmacht, sind letztlich nicht deren Elemente, sondern deren ethische Grundlegung und moralische Handhabung. Es geht jetzt also nicht mehr nur um die Erhellung von Erziehung als Tatbestand, sondern um die höchst brisante Frage nach einer „guten" Erziehung und damit auch um die Frage nach der Legitimation erzieherischer Handlungen. Brumlik (2004) hat hier deutlich gemacht, dass Erziehung, da sie sich als anthropologischer Tatbestand erweist, im Grunde nicht legitimationsbedürftig ist, wohl aber die erzieherischen Praktiken, also die Formen pädagogischen Handelns. Was ist also eine „gute" Erziehung und wie lässt diese sich ethisch begründen? Diese Frage ist für die Hilfe zur Erziehung mit Hinblick auf eine mögliche Kindeswohlgefährdung als zentral anzusehen.

Die Moral des Zeigens

Erziehung kann zunächst dann als wirkungsvoll bezeichnet werden, wenn die Themen vom Erzieher *verständlich*, *zumutbar* und *anschlussfähig* gezeigt werden (Prange, 2005). Vor dem Hintergrund des Entwicklungsstandes des Menschen – also mit Hinblick auf die Einschätzung, was der Mensch bislang gelernt hat, welche Fähigkeiten und welches Wissen er erworben und was er damit im Laufe seines Lebens angefangen hat – muss immer darauf geachtet werden, dass ich als Erzieher so zeige, dass das Kind, der Jugendliche oder auch der Erwachsene meine Bemühungen auch versteht, ich mich also prinzipiell so verhalten muss, dass ich vom Adressanten meiner erzieherischen Bemühungen verstanden werden kann. Das heißt dann in der Folge aber auch, dass ich nur so zeige, dass das Gezeigte und die Form des Zeigens auch zumutbar sind. Es gleicht einer Fehlform des Erziehens, wenn das Zeigen des Themas oder die Form des Zeigens an sich den Menschen zum Beispiel über- oder unterfordert (Strobel-Eisele, 2008). Darüber hinaus ist das Zeigen mit Hinblick auf das Lernen dann am wirkungsvollsten einzuschätzen, wenn es sich als direkt anschlussfähig – sowohl mit Hinblick auf bereits Gelerntes als auch mit Hinblick auf eine zu erkennende Relevanz – erweist.

Moralisch bedeutsam werden die verständlichen, zumutbaren und anschlussfähigen erzieherischen Akte aber erst durch die Beachtung der ihnen eingeschriebenen moralischen Gebote: „das Gebot der Achtung in der Maßgabe der Zumutbarkeit, das Gebot der Wahrheit in der Maßgabe der Verständlichkeit und das Gebot der Freiheit in der Maßgabe der Anschlussfähigkeit" (Prange, 2005, S. 149). „Gute" erzieherische Praxis zeichnet sich also durch die *Achtung und Anerkennung* des Gegenübers, durch die *Orientierung an Wahrheit und Wahrhaftigkeit* und durch das *Gebot der Freiheit* aus. Fallen diese drei moralischen Gebote aus erzieherischen Geboten heraus, kann man zwar noch strukturell von Erziehung sprechen, nicht aber mehr in einem pädagogischen Verständnis. Erziehung in einem pädagogischen Verständnis hebt immer auf die Mündigkeit des Menschen ab. Und hierfür sind die Gebote der Achtung, Wahrheit und Freiheit unabdingbare Orientierungspunkte. Ohne diese Gebote entartet Erziehung zur Manipulation und Dressur. Erst durch die Orientierung an den handlungspraktischen Maßgaben und den diesen eingeschriebenen Geboten wird Erziehung zu dem, was sie aus pädagogischer Sicht sein sollte: Unterstützung zur personalen Selbstbestimmung und Mündigkeit. Und hier wird deutlich, dass, wenn Mündigkeit und personale Selbstbestimmung die zentralen Ziele erzieherischer Bemühungen sind, diese Ziele nicht ohne Mühen zu erreichen sind. Eine Abkürzung gibt es nicht!

Die Ethik der Erziehung

Die an Wahrheit, Achtung und Freiheit orientierte erzieherische Praxis ist mit Hinblick auf die grundlegenden Sphären der Erziehung ethisch unterschiedlich eingebunden und begründet (Prange, 2010).
- So zeichnet sich die Familienerziehung grundlegend durch die *Ethik der Fürsorge* (ebd., S. 51) aus. Für die Erziehung innerhalb und durch die Familie heißt dies, dass die Eltern eine Pflicht zur Sorge ihren Kindern gegenüber haben, und umgekehrt haben die Kinder ein Recht auf Fürsorge durch die Eltern. Denn: „(…) für das Kind kann daraus, dass die Eltern Ursache seines physischen Daseyns sind, kein Grund zur Liebe erwachsen: es ist dies keine Wohltat, die Dankbarkeit gebiert. Zur Ernährung der Kinder sind die Eltern als causa vitae zur Zwangspflicht verbunden, also ein mere debitum, wodurch sie nichts Verdienstliches gegen die Kinder thun, und mithin auch dadurch können Kinder zu nichts gegen sie verbunden werden, da in Rücksicht ihrer nur das Recht, was die Menschheit selbst von den Eltern als Pflicht

forderte, geleistet ist" (Kant, 1975, S. 670). Die Erziehung der Kinder innerhalb der Familienerziehung ist also eine Pflicht der Eltern, die daraus erwächst, dass sich die Eltern für das Kind entschieden haben. Auch wenn man nun hinzufügen könnte, dass ja nicht alle Kinder gewünscht wurden. Hier wären wir bei der Ethik der Selbsterziehung, die später noch ausgeführt wird. Fest steht: Die Eltern haben sich um ihre Kinder zu kümmern! Und unter diesem Blickwinkel erscheinen viele Gerichtsverfahren, die die Sorge des Kindes zum Gegenstand haben, als verfehlt. Häufig erscheint es so, als stritten die Eltern im Falle von Trennung und Scheidung um das Sorge*recht* für ihr Kind. Das Gegenteil ist der Fall: die Eltern haben nicht das Sorgerecht, sondern die Sorge*pflicht*, und kommen sie dieser nicht nach, kann das Recht der Eltern auf Umgang oder eingeschränkten Umgang mit ihren Kindern aufgehoben werden, denn dem Wohl des Kindes muss tendenziell immer einen höheren Stellenwert zugesprochen werden als den Wünschen und den Bedürfnissen der Eltern.

- Die Schulerziehung hingegen, und das gilt auch für alle anderen Formen öffentlicher Erziehung, ist durch die *Ethik der Führung* (ebd., S. 69) gekennzeichnet. Öffentliche Erziehung ist dadurch ethisch legitimiert, dass sie etwas bietet, das die Eltern nicht zu leisten in der Lage sind. Ab einem bestimmten Punkt in der Entwicklung des Kindes bedarf die elterliche Erziehung mit Hinblick auf das Lernen der Kinder Ergänzung. Der Eintritt in den Kindergarten kann als erste Ergänzung der elterlichen Erziehung durch Elemente öffentlicher Erziehung angesehen werden. Zwar ist diese Öffentlichkeit noch keine institutionalisierte Form, denn der Kindergarten ist bislang freiwillig, doch kann hierbei deutlich werden, dass der Kindergarten dem Kind ein (ergänzendes) Lernumfeld zur Verfügung stellt, das die Eltern so nicht realisieren könnten. Mit dem Eintritt in die Schule wird dann der Übergang markiert, der darauf hinweist, dass die Kinder nun etwas lernen sollen, das für ihr weiteres Leben wichtig ist und das die Eltern ihnen nicht so ohne weiteres zeigen können. Hier gibt es eine Parallele zur Medizin. Denn es ist den Eltern schon möglich, Erkältungen, kleinere Verletzungen und ähnliches auch mit Erfolg zu behandeln. Reichen allerdings die elterlichen Kenntnisse nicht mehr aus, um einen Heilungsprozess in Gang zu setzen, muss der der ärztliche Fachmann ran.

- Die *Ethik der Eigenverantwortung* (ebd., S. 87) schließlich ist die maßgebliche ethische Sphäre der Selbsterziehung. Der Mensch ist, wie bereits ausgeführt, angehalten, sich selbst zum Thema des eigenen Denkens, Fühlens und Handelns zu machen, mit dem Ziel, sich eine reflektierte Form zu geben. Hierzu gehört auch die grundlegende pädagogische Annahme der potenziellen Vernunftbegabung und Situationsüberlegenheit (Ellinger, 2010) des Menschen. Dieser ist eben nicht (nur) instinktgesteuert, sondern vermag zu entscheiden und diese Entscheidung rational, plausibel und vernünftig zu begründen. Am Beispiel der unerwünschten Kinder, wie es in der Ethik der Fürsorge anklang, kann diese Sichtweise verdeutlicht werden. Die erwachsenen Menschen, die ein Kind gezeugt und auf die Welt gebracht haben, können nicht ohne weiteres aus ihrer Verpflichtung zur Sorge um das Kind entlassen werden, da ihnen als mündige Menschen unterstellt werden muss, dass sie schon wissen, was sie tun oder getan haben und sich dafür auch verantworten müssen. Gilt dies, dann stehen sie in der Pflicht. Erst die Feststellung einer eingeschränkten Mündigkeit und einer damit einhergehenden eingeschränkten Erziehungsfähigkeit kann dafür sorgen, dass sie von der Sorge für ihre Kinder entbunden werden können. Das Prinzip, das hinter der Ethik der Eigenverantwortung steht, ist die klassisch-antike Forderung nach „Erkenne dich selbst", die am Tempel des Apoll in Delphi zu lesen war. Das heißt nichts anderes, als dass der mündige Mensch aufgefordert ist, sich über sein Denken Fühlen und Handeln Rechenschaft abzulegen und in der Folge gegebenenfalls das eigene Denken, Fühlen und Handeln zum Gegenstand des eigenen Lernens zu machen.

3.6 Erziehung – eine vorläufige Zusammenfassung

Was ist also unter Erziehung zu verstehen? Erziehung, so kann zunächst festgehalten werden, besteht aus zwei grundsätzlichen Operationen. Die *Zeigeoperation* auf Seiten des Erziehers und das *Lernen* auf

Seiten des Zöglings, wobei hier deutlich anzumerken ist, dass Lernen auch ohne die absichtsvollen zeigenden Bemühungen des Erziehers stattfindet, das Zeigen ohne den Bezug auf das Lernen allerdings nicht pädagogisch ist bzw. nicht als Erziehung bezeichnet werden kann. Die Differenz zwischen dem Zeigen auf der einen Seite und dem Lernen auf der anderen Seite wird als *pädagogische Differenz* bezeichnet und fasst eben jenen Tatbestand, dass sich das Lernen des Zöglings dem direkten Zugriff des Erziehers entzieht. Die Zeigeformen lassen sich in vier *elementare Formen* – wobei hier festzuhalten bleibt, das sich die konkrete erzieherische Praxis durch *komplexe Formen* auszeichnet – unterscheiden, denen vier *Grundformen des Lernens* zugeordnet werden können. Beide Kategorien, die des Zeigens und die des Lernens, lassen sich darüber hinaus paarweise bestimmten *Sphären der Erziehung* zuordnen, die ihrerseits spezifischen *ethischen Begründungen* unterliegen.

Formen des Lernens	Können-Lernen	Wissen-Lernen	Leben-Lernen
Formen pädagogischen Handelns	Ostensives Zeigen	Repräsentatives Zeigen	Direktives Zeigen
Formen der Erziehung	Familienerziehung	Schulerziehung	Selbsterziehung
Formen der Ethik	Ethik der Fürsorge	Ethik der Führung	Ethik der Eigenverantwortung

Abb. 10: Erziehung: zusammenfassender Überblick

3.7 Exkurs: Erziehung als Entwicklungspädagogik

Bevor nun die Ausführungen zur Erziehung konkret auf die „Hilfen zur Erziehung" bezogen werden und hierauf aufbauend dann die erzieherischen Hilfen pädagogisch gefasst und reflektiert werden, soll noch abschließend auf einen Aspekt der Erziehung eingegangen werden, der, nimmt man ihn ernst, in seiner Bedeutung – auch und insbesondere für die erzieherische Praxis – nicht zu unterschätzen ist. Im Grunde geht es um das Verständnis von Erziehung als einer Entwicklungspädagogik. Dass alleine schon die Unterteilung in Familien-, Schul- und Selbsterziehung mit dem dazugehörigen Lernen und den korrespondierenden Zeigeformen auf unterschiedliche Altersstufen im Lebenslauf Bezug nimmt, ist deutlich geworden.

Eine pädagogische Entwicklungslehre setzt genau an diesem Sachverhalt an und formuliert mit Hinblick auf den Lebenslauf des Menschen bezogen die lebensaltersspezifischen Lernaufgaben, die mögliche Lernhemmung und die darauf bezogenen Lernhilfen weiter aus.

Lernen, Lernhemmung und Lernhilfe

Das dem Konzept einer Entwicklungspädagogik zugrunde liegende pädagogische Paradigma ist die Annahme, dass sich der Mensch von Geburt an, und auch wahrscheinlich schon in späten Phasen der Schwangerschaft, in einem Kreislauf von Lernen, dann unweigerlich auftretenden Lernhemmungen und darauf antwortenden Lernhilfen bewegt.

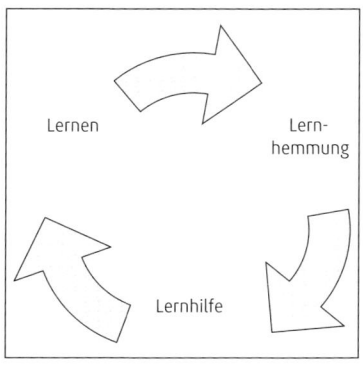

Abb. 11: Lebenslauf aus pädagogischer Sicht

Das bedeutet nichts anderes, als dass der Mensch ohne Lernen nicht überleben kann, er hierfür auch enorme Kompetenzen – die Fähigkeit zu lernen – mitbringt, diese aber gelegentlich nicht ausreichen, um eine

Lernaufgabe, die sich im Lebenslauf stellt, angemessen zu bewältigen. An diesen krisenhaft zugespitzten Stellen wird dann Lernhilfe nötigt, um das zu lernen, was es zu lernen gilt, so dass die eigene Lebenspraxis (wieder) in personaler Selbstbestimmung gestaltet werden kann.

Lernen im Lebenslauf

Damit der Mensch sein Leben führen kann, ist er grundlegend auf den Erwerb spezifischer Kompetenzen angewiesen, die entwicklungslogisch aufeinander aufbauen und die die Grundlage und Struktur des individuellen Bildungsprozesses abgeben. Loch (1998) bezeichnet diese Fähigkeiten als *curriculare Kompetenzen* und meint damit Fähigkeiten, die im Individuum bereits angelegt sind und die danach streben, sich phasenspezifisch in unterschiedlichen Kontexten zu entwickeln. Die Kontexte, in denen die Entwicklung dieser spezifischen Fähigkeiten möglich ist, werden als *curriculare Situationen* bezeichnet. Curriculare Situationen sind zumeist zwischenmenschliche Situationen, die sich zwingend entwicklungslogisch aus dem Lebenslauf ergeben und das betreffende Individuum vor eine zu bewältigende (Entwicklungs-/Lern-)Aufgabe stellen. Diese Aufgabe muss gelöst und bewältigt werden und führt im gelingenden Fall zur Ausbildung der spezifischen curricularen Kompetenz. Zentral ist hierbei, dass sich das Bemühen um die Bewältigung der Lern- und Entwicklungsaufgabe auf bereits ausgebildete Kompetenzen bezieht, was nichts anderes heißt, als dass die aktuelle erfolgreiche Bewältigung davon abhängt, inwieweit bisherige curriculare Kompetenzen erfolgreich erworben wurden. Wie auch immer das Lernen in der curricularen Situation ausgeht, immer hinterlässt es einen Eindruck – der mehr oder weniger bewusst zur Verfügung steht – im Lebenslauf und in der Lerngeschichte des Individuums, der maßgeblich darüber bestimmt, wie die weiteren anstehenden Entwicklungsaufgaben im Lebenslauf angegangen werden können. Denn solche curricularen Situationen, mit den ihnen inhärenten Lernaufgaben, stellen sich dem Menschen nicht nur in Kindheit und Jugend, sondern auch im Erwachsenenalter, und darüber hinaus bis in das hohe Alter. Und immer muss dabei auf bereits ausgebildete Fähigkeiten zurückgegriffen werden.

Nun kommt es aber nicht selten vor, dass sich ein Individuum in einer spezifischen curricularen Situation mit einer Lernaufgabe konfrontiert sieht, für deren erfolgreiche Bewältigung die bereits ausgebildeten Kompetenzen (noch) nicht ausreichen. Übersteigt die Lernaufgabe die aktuell verfügbaren Kompetenzen, entwickeln sich Lernhemmungen, die als *curriculare Konflikte* aufgefasst werden können. Diese sind sehr bedeutsam für die Personagenese, und aus autobiographischen Erzählungen weiß man, dass curriculare Konflikte genauso häufig erinnert werden wie Lernerfolge. In diesem Sinne sind Lernhemmungen im Grunde als eine vertiefende Möglichkeit zur personalen Selbstbildung zu verstehen, wenn es gelingt, auf die Lernhemmung eine angemessene Antwort zu finden. Tritt eine Lernhemmung auf, versucht das Individuum diese durch Aktivierung unterschiedlichster Ressourcen und Netzwerke zunächst selbst zu lösen. Erst wenn auch diese Möglichkeiten zu keinem der curricularen Situation angemessenen Lernerfolg führen, wird professionelle *Lernhilfe* notwendig, deren Ziel die Wiederherstellung des Lernens aus eigener Kraft ist.

Lernen und Lebensalter

Werner Loch (1998, 1999) hat hierzu ein Entwicklungsmodell aus elf aufeinander aufbauenden Stufen entwickelt.
- Die erste curriculare Kompetenz, die es auszubilden gilt, bezieht sich auf die *Einverleibungsfähigkeit*. Zwar ist der Säugling mit einem Saugreflex ausgestattet, doch muss er lernen, diesen zu modulieren und der zwischenmenschlichen Situation anzupassen, um satt zu werden. Hierbei ist er auf die Kooperation und Unterstützung durch die Mutter, den Vater oder andere Bezugspersonen angewiesen. Aufgrund der Angewiesenheit des Säuglings mit Hinblick auf die Versorgung mit Nahrung wird diese Situation als *materielle Situation* bezeichnet. Innerhalb dieser curricularen Situation leisten die Mutter oder andere Personen durch die Versorgung, liebevolle Pflege und Körperkontakt *Wachstumshilfe*. In dieser ersten Phase ergeben sich curriculare Konflikte zumeist aus der mangelnden Fehlanpassung und bewegen sich nach Loch (1998) zwischen den Polen *Überfütterung und Unter- bzw. Fehlernährung*.
- Die zweite curriculare Kompetenz, die auf die Einverleibungsfähigkeit aufbaut, thematisiert die *Wahrnehmungsfähigkeit*. Hierbei geht es darum, zu lernen, die Umwelt mit den eigenen Händen, Augen

und Ohren fühlend, sehend und hörend zu begreifen und wahrzunehmen. Das Kind lernt Dinge zu unterscheiden und zu erkennen, sich zu identifizieren und Ergebnisse seines eigenen Handelns zu beobachten. Diese Wahrnehmungsfähigkeit entwickelt sich in der *familiären Situation*, in der dem Kind bewusst wird, dass es die Mutter teilen muss und auch andere Personen der Familie Einfluss auf sein Leben haben. Das heranwachsende Kind lernt somit den Umgang mit den bedeutungsvollen Anderen in seiner Umgebung. Zu seiner Unterstützung leisten diese Personen *Organisationshilfe*, indem sie dem Kind zu erforschende Dinge in die Hand geben, es bei der Erkundung seiner Umwelt begleiten, ihm neue Erfahrungsräume eröffnen und einen ermunternden und unterstützenden Interaktionsrahmen bieten, in welchem sich das Kind entwickeln und familiäre Gepflogenheiten erlernen kann. Das richtige Maß der Orientierungshilfe entscheidet auch darüber, ob sich ein curricularer Konflikt ausbildet. Wenn, dann ist dieser zwischen *Verhätschelung und Verkümmerung* angesiedelt.

- Nach der Einverleibungs- und Wahrnehmungsfähigkeit folgt die *Fähigkeit zum Gehen-Können* als dritte curriculare Kompetenz. Das Gehen-Können befreit das Kind aus der Situation des Liegen-Müssens und leitet die Entwicklung der Körperbeherrschung sowie der lokomotorischen Kompetenz ein. Das Kind hat nun die Möglichkeit seine Umgebung noch besser explorieren zu können und lernt dabei seiner Neugier nachzugehen, neue Erfahrungen zu sammeln, Grenzen zu spüren und sich trotz Trennungsängsten von den Bezugspersonen zu lösen. Die Hilflosigkeit und das Ausgeliefertsein werden nun von einem bewusst gesteuerten Annähern und Abwenden zu Personen und Dingen abgelöst. Die Entwicklung dieser curricularen Kompetenz wird durch die *Situation der Nachbarschaft* begünstigt. Die Struktur der nachbarschaftlichen curricularen Situation ermöglicht dem Kind immer neue Erfahrungsräume, in welchen es sich erforschend bewegen kann. In dieser Phase wird der Umgang mit Fremdem, Neuem und Nützlichem erlernt. Die Eltern oder Erzieher leisten in dieser curricularen Situation *Orientierungshilfe*, indem sie zum Beispiel das Kind begleiten, auf es achten, Hilfestellungen bieten, Räume schaffen, Grenzen setzen und Rückmeldungen geben. Wiederholt sich dieser Umgang mit dem Kind stetig, lernt es Vertrauen zu haben und einen freundlichen Umgang mit Anderen

zu pflegen. Curriculare Konflikte, die aus dieser Entwicklungsphase hervorgehen, können meist in Richtung *Überbehütung oder Verwahrlosung* entfaltet werden.
- Die vierte zu erwerbende Kompetenz ist die *Nachahmungsfähigkeit*. Hierbei geht es um Imitation und Identifikation. Das Kind prägt sich bestimmte Verhaltensweisen, die es bei anderen wahrgenommen hat, ein und wendet sie bei passenden Situationen selbst an. Dabei wird nicht nur das Nachahmen gelernt, sondern, durch häufiges übendes Wiederholen, auch eine Routine in der Anwendung des nachgeahmten hervorgebracht. Das Kind lernt, sich an das Verhalten Anderer und deren Erfolg oder Misserfolg zu erinnern und diese Erinnerung dann in spezifischen Situationen abzurufen, um zu Entscheidungen zu kommen. Da das Kind in dieser Entwicklungsphase alle es umgebenden Menschen beobachtet, beschreibt man diese Konstellation als *Satellitensituation*. Durch die Nachahmungsfähigkeit kann das Kind sich mit bestimmten Personen identifizieren oder auch bewusst distanzieren. Die Personen dienen dem Kind in dieser Situation als Vorbild und leisten *Identifikationshilfe*, indem sie mit erfolgreichem Verhalten Aufmerksamkeit erregen und ihr Verhalten leicht nachahmbar gestalten. Menschen, die diese Phase nicht befriedigend durchlaufen haben, leiden häufig entweder an einer *Fixierung und mangelnder Flexibilität* oder an einer *übermäßigen Fluktuation* mit Hinblick auf eine kohärente Lebensführung.
- Das Erlernen der Nachahmungsfähigkeit eröffnet den Weg zum Erwerb der *Einbildungskraft* als fünfte Kompetenz. Die durch die Nachahmung erworbenen Verhaltensweisen werden nun im Spiel mit subjektivem Sinn gefüllt. Das Kind lernt spielerisch andere Rollen zu übernehmen und sich in diese hineinzuversetzen, um neue und andere Erfahrungen zu erleben. Im Spiel, das Ausdruck seiner Phantasie ist, begibt sich das Kind in eine *illusionäre Situation*. Jede illusionäre Situation ist anders und eröffnet immer neue Lernaufgaben, die es zu bewältigen gilt. So geht es mal um Geschicklichkeit, um das Bilden von Regeln, um Selbsterprobung oder um das Annehmen unterschiedlichster Rollen, um nur einige Lernaufgaben aufzuführen. Wesentlich ist, dass sich das Kind dabei von *Repräsentationshilfe* unterstützen lässt. Damit gemeint ist die Herstellung von Phantasie anregenden Räumen, in welchen sich das Kind selbsttätig

entfalten kann sowie ein anerkennendes und wertschätzendes Umfeld. Curriculare Konflikte, die sich auf diese Phase zurückführen lassen, zeigen sich entweder in unrealistischen *Wahnvorstellungen*, die das Träumerische übersteigen, oder aber in sehr *automatisierten Lebensvollzügen*, die das kreativ-schöpferische Moment des Lebens völlig vermissen lassen.
- Aus den vorher entwickelten Fähigkeiten sind die Grundlagen für den Erwerb der *Sprachfähigkeit*, die als sechste curriculare Kompetenz der Nachahmungsfähigkeit folgt, gelegt. Das Kind lernt nun, sich durch Sprache mitzuteilen und sich in *interpretierenden Situationen* zurechtzufinden. Um das Sprechen und seinen Gebrauch gut lernen zu können, wird dem Kind *Kommunikationshilfe*, in Form von Fragen, Antworten, Begründungen und Ermutigungen von Seiten des Umfeldes, zuteil. Da die Sprache die Grundlage aller erzieherischen Handlungen abgibt und dem Wort im Menschen und zwischen den Menschen größte Bedeutung zukommt, ergeben sich curriculare Konflikte zumeist aus der Sprachpathologie innerhalb der erzieherischen Situation. Lernhemmungen sind dann zwischen *sprachlicher Unverbindlichkeit und starrem Dirigismus* angesiedelt.
- Die *Fähigkeit zur Regelbildung* beschreibt die siebte curriculare Kompetenz und umfasst das Lernen von Verallgemeinerungen, Begriffsbildungen und die Verinnerlichung von Normen. Dieses Lernen findet meist in Situationen statt, die durch einen moralischen Konflikt für das Kind gekennzeichnet sind. Man spricht also von *moralischen Situationen*, in die das Erlernen der Regelbildung eingebettet ist. Aufgabe der Erziehung ist es nun, *Entscheidungshilfe* zu leisten, um so die Fähigkeit der Regelbildung zu unterstützen. Die Bewältigung dieser Entwicklungsphase entscheidet dann auch in großem Maße darüber, ob der Mensch seine Aufgaben eher *zwanghaft oder im Sinne des Laissez-faire* angeht.
- Hat das Kind gelernt, mit Regeln umzugehen, und kann es bereits viele seiner Fähigkeiten anwenden, entsteht die Motivation zu einer höheren *Leistungsfähigkeit*, die als achte curriculare Kompetenz bezeichnet wird. In so genannten *Konkurrenzsituationen* lernt das nun schon ältere Kind sich mit anderen zu vergleichen, und die Anerkennung für Geleistetes steigert seine Selbstachtung. Zur Unterstützung seiner Leistungsfähigkeit benötigt das Kind *Motivationshilfe*,

die vom familialen oder erweiterten Umfeld geleistet werden kann. Von Bedeutung ist hierbei, dass der Mensch in dieser curricularen Situation lernen muss, sich und seine Fähigkeiten angemessen einzuschätzen. Gelingt dies nicht, können Lernhemmungen entstehen, die sich entweder der *Über- oder der Unterschätzung* der eigenen Person und der eigenen Fähigkeiten zurechnen lassen.

- Die Fähigkeit zur Regelbildung und die Leistungsfähigkeit bilden die Voraussetzung für den Erwerb der neunten curricularen Kompetenz, des *Denken-Könnens*. Das Kind lernt hierbei in *Problemsituationen*, schwierige Sachverhalte und Situationen durch Hinterfragen, Experimentieren, Beweisen und Begründen zu lösen. Dafür benötigt es jedoch bestimmte Informationen über Sachverhalte und Situationen. Mit Hinblick auf die Ausbildung des Denkens kann der Unterricht als Prototyp einer Lernhilfe im Sinne einer *Informationshilfe* verstanden werden. Hier entscheidet es sich, ob das Individuum in der Lage ist, mit schwierigen Sachverhalten umzugehen, oder aber, ob der Mensch die anstehende Herausforderung prinzipiell als *unlösbar* betrachtet oder ob er beim Bewältigungsversuch die Erfahrung macht, dass seine Fähig- und Fertigkeiten angesichts der zu bewältigenden Aufgabe als *unbrauchbar* einzuschätzen sind.

- Mit Hilfe der Leistungs- und Denkfähigkeit entwickelt sich das *technische Verstehen* als zehnte curriculare Kompetenz. Die curriculare Situation wird als *kreative Situation* aufgefasst, weil es darum geht, das erworbene Wissen und Können in unbekannten Situationen zur Anwendung zu bringen und aus den Erfahrungen, die mit der Anwendung verbunden sind, wieder zu lernen. In kreativen Situationen kann nicht selten *Produktionshilfe* nötig werden, die hilft, das kreative Potential auch umzusetzen. Erst die Erfahrung, neuen Situationen und Sachverhalten kreativ begegnet zu sein, ermöglicht die Bewältigung der Entwicklungsaufgabe. Ein Scheitern kann dazu führen, dass Herausforderungen, die das Leben stellt, entweder *dilettantisch* angegangen werden oder aber potenziell kreative Situationen vermieden werden, was dann zu einer unbefriedigenden Form der *Langeweile* führt.

- Die elfte curriculare Kompetenz bezieht sich auf die *Selbstdarstellungsfähigkeit*. Das bedeutet, dass der Mensch alles, was er im Laufe seines bisherigen Lebens gelernt hat, in eine kohärente Lebensform bringen kann, und sich mit all dem, was er ist und wie er sich selbst sieht, darstellen kann. Selbstdarstellung wird immer dann nötig, wenn man sich einer *kritischen Situation* gegenüber sieht, die die eigenen Fähigkeiten herausfordert. Um solche Situationen zu bewältigen, benötigt es die *selbst verwirklichende Hilfe*, die durch Bewährung oder Beratung geleistet werden kann. Hier wird die Möglichkeit geboten, sich darin zu üben, in kritischen Situationen sich selbst, seinem Wissen und seinem Können zu vertrauen. Aus der mangelnden Bewältigung dieser Aufgabe entstehen dann nicht selten entweder *Ängste* oder aber *narzisstische Selbstüberschätzungen*.

Stufe	Curriculare Kompetenz	Curriculare Situation	Curricularer Konflikt	Curriculare Lernhilfe
11.	Selbstdarstellungsfähigkeit	Kritische Situation	Angst, Narzissmus	Selbstverwirklichungshilfe
10.	Technische Kompetenz	Kreative Situation	Dilettantismus, Langeweile	Produktionshilfe
9.	Denkfähigkeit	Problemsituation	unlösbar, unbrauchbar	Informationshilfe
8.	Leistungsfähigkeit	Konkurrenzsituation	Über-/Unterschätzung	Motivationshilfe
7.	Regulative Kompetenz	Moralische Situation	Zwang/Laissez-faire	Entscheidungshilfe
6.	Sprachfähigkeit	Interpretative Situation	Dirigismus/Unverbindlichkeit	Kommunikationshilfe
5.	Spielen-Können	Imaginäre Situation	Wahn/Automatisierung	Repräsentationshilfe
4.	Nachahmen-Können	Satellitensituation	Fluktuation/Fixierung	Identifikationshilfe
3.	Gehen-Können	Nachbarschaftssituation	Überbehütung/Verwahrlosung	Orientierungshilfe
2.	Wahrnehmen-Können	Familiale Situation	Verhätschelung/Verkümmerung	Organisationshilfe
1.	Einverleiben-Können	Materielle Situation	Überfütterung/Unterernährung	Wachstumshilfe

Abb. 12: Curriculare Kompetenzen (Übersichtstabelle in Anlehnung an Loch, 1998)

Eine pädagogische Entwicklungslehre in Anlehnung an Werner Loch ist in der Lage, den Menschen in seinem Lernen bzw. im Kontext seines Lernprozesses zu verstehen und vermag dann, auf Lernhemmungen bezogen, angemessene Lernhilfen zu konzeptualisieren. Für eine pädagogische Theorie der erzieherischen Hilfen erweist sich ein solcher Ansatz als ausgesprochen fruchtbar, weil sowohl differentialdiagnostisch die Lernprobleme der Kinder, Jugendlichen und deren Eltern, die zur Kindeswohlgefährdung geführt haben und diese aufrecht erhalten, in den Blick genommen werden können, als auch indikativ entschieden werden kann, welche Hilfe zur Erziehung – verstanden als professionelle Lernhilfe – potenziell in der Lage wäre, den Lernbedarf in der Weise aufzuheben, dass damit auch die Kindeswohlgefährdung aufgehoben wird.

3.8 Erziehen als Beruf

Abschließend soll noch ein kurzer Blick auf die berufsmäßige Beschäftigung mit Erziehung gerichtet werden, denn es versteht sich ja nicht von selbst – selbst wenn Erziehung als unhintergehbare anthropologische Tatsache festgehalten werden muss –, dass für Erziehungsleistungen speziell ausgebildete Erzieher nötig sind. Insbesondere wenn man sich vergegenwärtigt, dass die Erziehung in der Familie ja auch fast überwiegend durch und in der Familie geleistet wird und die Selbsterziehung Aufgabe des sich selbst reflektierenden Subjekt ist. Bleibt eigentlich nur die Schulerziehung übrig, in der einem berufsmäßigen Erzieher Daseinsberechtigung zugesprochen werden kann. Vor dem Hintergrund der bisherigen Ausführungen kann man es an dieser Stelle kurz machen: Pädagogik gibt es sowohl als (wissenschaftliche) Disziplin als auch als Profession! Und damit steht die berufsmäßige Beschäftigung mit Erziehung im Horizont der „klassischen" Disziplinen und Professionen. Diese Bestimmung, die sich zwar gesellschaftlich nicht entsprechend widerspiegelt, gründet sich in der Tatsache, dass Erziehung als ein gesellschaftlicher Zentralwert anzuerkennen ist, ohne den der Einzelne und die Gesellschaft nicht auskommt, und gleichermaßen verhält es sich mit den übrigen Professionen. So kümmern sich die Medizin und der eingreifende Arzt um Gesundheit, die Jurisprudenz und der urteilende Richter um Gerechtigkeit und die Theologie (und auch die Wissenschaft und die Kunst) und der verkündende Pfarrer um Wahrheit. Und eben die Pädagogik und der zeigende Erzieher um Bildung. Zwar kann sich jeder persönlich bis zu einem gewissen Maße um die Zentralwerte selbst kümmern – so wird der Schnupfen zunächst selbst behandelt, bei Glaubensfragen gebetet und auch im Internet eine Rechtsauskunft eingeholt –, doch kommt man unweigerlich an einen Punkt, an dem das Laienwissen nicht mehr ausreicht und eine spezifische Expertise gefragt ist. Allen Professionen ist darüber hinaus gemeinsam, dass sie zum einen ihre Begründung und Deutungsexpertise aus ihren korrespondierenden Disziplinen ableiten. Und zum anderen, dass jede Profession über die ihnen eigentümlichen Mittel verfügt, um ihre Zentralwertverpflichtung umzusetzen. Insofern betrachtet, ist es

Disziplin	Medizin	Jura	Theologie	Pädagogik
Profession	Arzt	Richter	Pfarrer	Erzieher
Gesellschaftlicher Zentralwert	Gesundheit	Gerechtigkeit	Wahrheit	Bildung
Professioneller Bezug	Arzt/Patient	Richter/Staat	Pfarrer/Gemeinde	Erzieher/Zögling
Professionelle Grundoperation	Eingriff	Urteil	Verkündigung	Zeigen
Professionelle Handlungsoptionen	Heilmittel • Operation • Medikation • Physiotherapie • Beratung • …	Rechtsmittel • Einsprache • Berufung • Revision • Beratung • …	Heilsmittel • Verkündigung • Taufe • Abendmahl • Seelsorge •	Erziehungsmittel • Unterricht • Arrangement • Information • Beratung • …

Abb. 13: Zum Verständnis von Erziehen als Profession und Pädagogik als Disziplin

verwunderlich, dass das gesellschaftliche Bild von denjenigen, die sich berufsmäßig mit Erziehung beschäftigen, und auch das Selbstbild, das die Profession von sich hat, so gering ist. Gleichwohl kommt dem disziplinären und professionellen Selbstverständnis mit Hinblick auf die professionelle Praxis enorme Bedeutung zu, denn es ist nicht selten der Habitus des Professionellen, der maßgeblich darüber entscheidet, ob die Interventionspraxis als wirksam und hilfreich angesehen und erfahren wird.

4

„Hilfen zur Erziehung" in pädagogischer Hinsicht

Nachdem nun eine Idee entwickelt wurde, was Erziehung sein und welche Form die berufsmäßige Beschäftigung mit Erziehung haben könnte, geht es jetzt darum, die „Hilfen zur Erziehung" mit ihren Grundbegriffen und ihren Interventionsformen, die Gegenstand des zweiten Kapitels waren, pädagogisch auszuformulieren. Zunächst sollen noch einmal die wesentlichen Leitbegriffe Gegenstand der pädagogischen Reflexion sein. Dann soll der Versuch unternommen werden, die konkreten erzieherischen Hilfen pädagogisch zu konzeptualisieren. Dies geschieht zum einen auf der Ebene der theoretischen Reflexion und zum anderen auf der Ebene der anschaulichen Praxis, die mit Beispielen aus der Kinder- und Jugendhilfe angereichert wird.

4.1 Kindeswohl, Kindeswohlgefährdung, erzieherischer Bedarf und Hilfeplan

Wie bereits festgestellt wurde, muss sich die Interventionspraxis der „Hilfen zur Erziehung" auf grundlegende und diese legitimierende Begriffe beziehen. Die Begriffe Kindeswohl und Kindeswohlgefährdung, erzieherischer Bedarf und Hilfeplan, die in allgemeiner Perspektive bereits im zweiten Kapitel ausgelegt wurden, sollen nun noch einmal mit einem pädagogischen Blick betrachtet werden. Und es mag dann zu entscheiden sein, ob der pädagogische Zugang zu den Begrifflichkeiten zu einer Anreicherung der bisherigen Definitionen führt, oder ob dieser eher vernachlässigt werden kann.

Kindeswohl und Kindeswohlgefährdung

Das, was die pädagogische Sicht zur Entwicklung des Menschen, oder klassisch pädagogisch ausgedrückt: zur Menschwerdung des Menschen (Personagenese) beiträgt, ist zunächst die basale Annahme, dass sich menschliche Entwicklung im Kreislauf von Lernen, Lernhemmung und Lernhilfe abspielt. Der Mensch muss lernen, um zu überleben und sich gut zu entwickeln, und braucht hierfür, je nach Grad der im Lebenslauf auftretenden Lernhemmungen, mehr oder weniger intensive Unterstützung (Lernhilfe). Und genau an dieser Stelle ergibt sich die Möglichkeit, den pädagogischen Beitrag zum Kindeswohl deutlich zu machen. Aus pädagogischer Sicht muss davon ausgegangen werden, dass ein Kind sich dann gut entwickelt, wenn sich sein Lernen entsprechend den curricularen Kompetenzen auch vollziehen kann. Ist dies der Fall, könnte man von einem Wohlergehen des Kindes sprechen. Konkret stellt sich dann aber die Frage, was aus pädagogischer Sicht alles für ein erfolgreiches Lernen gegeben sein muss. Denn können diese Elemente bestimmt werden, ergeben sich auch zwangsläufig Anhaltspunkte für eine Kindeswohlgefährdung. Im Folgenden wird versucht, die Elemente des Kindeswohls (und auch der Kindeswohlgefährdung) aus pädagogischer Sicht zusammen zu tragen.

- Da das Kind aufgrund der anthropologischen Sonderstellung des Menschen auf primäre Versorgung und liebevolle Zuwendung angewiesen ist, kommt den Eltern oder den primären Bezugspersonen größte Bedeutung zu. Das erzieherische Eltern-Kind-Verhältnis ist durch die grundsätzliche *Verpflichtung der Eltern zur Fürsorge* charakterisiert. Und dieses Fürsorgeverhältnis ist nicht reversibel. Das heißt, Elternschaft bedeutet grundlegend, dass die Eltern verpflichtet sind, sich um ihr Kind zu sorgen und zu kümmern und gleichzeitig nicht erwarten können, dass ihre Kinder ihnen diese Fürsorge danken. Denn auf Seiten der Kinder besteht eben zur Fürsorgepflicht der Eltern keine korrespondierende Dankbarkeitsverpflichtung. Vielmehr verweist die elterliche Fürsorgepflicht für die eigenen Kinder auf die Ethik der Eigenverantwortung als erwachsener Mensch, denn dieser war es, der oder die sich für ein Kind entschieden hat. Eltern können aber gerade dadurch auf die Fürsorge für ihre Kinder verpflichtet werden, weil man sie als mündige Bürger anerkennt. Und insofern kann man erwarten, dass sie auch mit den Konsequenzen ihres Handelns verantwortlich umgehen und man sie deswegen auch nicht ohne weiteres hieraus entlassen kann. Alleine diese Tatsache ist von Eltern häufig nicht einzusehen und auch nicht immer gut zu realisieren. Und häufig ist gerade die Nicht-Erfüllung der Fürsorgepflicht Grund, über eine bestehende oder drohende Kindeswohlgefährdung nachzudenken.

- Für Kinder besteht aus pädagogischer Sicht nicht nur eine Notwendigkeit zum, sondern auch ein *Recht auf Lernen.* Gerade die Lernthemen, die sich aus oder innerhalb der Familienerziehung ergeben, müssen vom Kind gelernt werden können. Das heißt im Umkehrschluss, dass die Eltern aufgefordert sind, die Themen der Familie und des Hauses ihren Kindern so zu zeigen, dass diese auch in die Lage versetzt werden, sich die Themen anzueignen. Im Gegensatz zur Fürsorgeverpflichtung, die ganz grundlegend auf die Versorgung der Kinder abhebt, kann bis heute nicht von einer Verpflichtung der Eltern zum guten Zeigen gesprochen werden. Selbstverständlich gibt es immer gute Gründe, den Lern- und Erfahrungsraum der Kinder einzuschränken – so fristen nicht selten viele Säuglinge ihr Dasein überwiegend in Babywippen oder Maxi-Cosis und Kleinkinder verbringen auch einen überwiegenden Teil ihrer Zeit vor dem Fernseher, zumeist auch, weil die Eltern mal etwas in Ruhe zu erledigen haben. Von Bedeutung ist aber, dass deutlich werden muss, dass es in solchen Situationen eher um die (auch legitimen) Bedürfnisse der Eltern (und auch nicht selten um Anforderungen an die Eltern) geht und nicht um die der Kinder. Unhintergehbar ist aber auch hier die Tatsache, dass Elternschaft Geduld, Zeit, Gelassenheit und die Bereitschaft erfordert, sich auf die (Lern-)Bedürfnisse der Kinder einzulassen – zwar nicht immer und zu jeder Zeit, doch muss prinzipiell diese Bereitschaft bestehen, mit der dann eben auch einher geht, von den eigenen Bedürfnissen zeitweise absehen zu können. Gelingt dies Eltern überwiegend nicht, ist es aus pädagogischer Sicht geboten, die kindliche Entwicklung auf den Prüfstand zu stellen. Zwar sind diese entwicklungs- und lernhemmenden Situationen nicht so augenfällig wie die Verletzung der Fürsorgepflicht, doch in ihren Auswirkungen auf die kindliche (Lern-)Entwicklung nicht unerheblich.

- Aus dem oben Genannten folgt konsequenterweise das *Recht des Kindes auf Lernerfahrungen und Lernräume*. Entsprechend des Lebensalters des Kindes müssen (Lern-)Situationen für das Kind verfügbar sein, in denen es das lernt, was es zu lernen gilt. Die Verfügbarkeit der curricularen Situationen für das Kind bedeutet korrespondierend auf Seiten der Eltern, dass diese die Lernsituationen schaffen bzw. herstellen. Auch hier geht es wieder zentral um die (Lern-)Bedürfnisse der Kinder, und von den Eltern wird abverlangt, dass sie in diesem Sinne zum Beispiel verlangsamt Wäsche waschen, Zähne putzen, das Geschirr abwaschen und sich auch auf die unterschiedlichsten Spiele mit ihren Kindern einlassen müssen, auch wenn diese vielleicht nicht unbedingt der Neigung oder dem aktuellen Bedürfnis des Erwachsenen entsprechen. Natürlich gibt es auch die Faktizität des Lebens, die sich darin äußert, dass es Arbeitszeiten, Fahrpläne etc. gibt, die es den Eltern nicht immer erlauben, dem Kind Hilfestellung beim selbständigen Anziehen der Gummistiefel zu geben, sondern diese zwingt, das Kind anzuziehen. Hier ist sicherlich nicht von einer Kindeswohlgefährdung zu sprechen, wohl aber dann, wenn überhaupt keine adäquaten Lernsituationen für das Kind bereit stehen.
- In diesem Zusammenhang sei auch darauf hingewiesen, dass Lernsituationen immer auch die Möglichkeit zu scheitern eingeschrieben ist. Das Scheitern, der neue Versuch und die darauf folgende Bewältigung sind es ja aber gerade, die das Lernen ausmachen. Erst die

Bewältigung des curricularen Konflikts, der der entsprechenden curricularen Situation potenziell eingeschrieben ist, führt zu einer Erweiterung der curricularen Kompetenzen. Damit die Bewältigung der Lernhemmung gelingen kann, benötigen Kinder Unterstützung. Erst das *Recht des Kindes auf Lernhilfe* komplettiert den entwicklungsdynamischen Kreislauf von Lernen, Lernhemmung und Lernhilfe. Und auch hier kommt es wieder zunächst auf die Eltern an, geeignete und der Lernhemmung angemessene Lernhilfe selbst zu leisten oder in der Weise zur Verfügung zu stellen bzw. zu arrangieren, dass das Kind darauf zurückgreifen kann.

Alles in allem bedeutet dies, dass Elternschaft vom Erwachsenen verlangt, zunächst von den eigenen Bedürfnissen abzusehen und sich den Bedürfnissen des Kindes zuzuwenden. Was nicht gleichbedeutend ist, die eigenen Bedürfnisse aufzugeben. Hierfür müssen geeignete Rahmenbedingungen geschaffen werden, ebenfalls eine Aufgabe der Elternschaft: Sich nicht nur als Eltern wahrzunehmen, sondern ebenfalls auch als Mann und Frau und nicht zuletzt als (Liebes-)Paar. Es ist aber trotz dem eine unhintergehbare Tatsache, dass die Fürsorgepflicht die Eltern geradezu zwingt, die kindlichen (Lern-)Bedürfnisse in den Mittelpunkt zu stellen. Und das kann unter Umständen auch bedeuten, sich mit seinem Kind tagtäglich über den reglementierten Fernseh- und Süßigkeitenkonsum und die Zu-Bett-Geh-Zeiten auseinanderzusetzen, denn erst die sich wiederholende Auseinandersetzung führt dazu, dass das Kind lernt. Leider ist es aber zumeist so, dass die Früchte der zeigend/aneignenden Auseinandersetzungen vielfach von anderen geerntet werden. Oder anders herum formuliert: Eltern müssen lernen, prinzipiell ohne die Dankbarkeit ihrer Kinder auszukommen bzw. nicht auf diese angewiesen zu sein. Erziehung ist in diesem Sinne eine wahrhaftige Investition in die Zukunft. Dass eine solche Haltung – man könnte auch sagen: Elternschaft als Lernprozess – sich mal mehr oder weniger realisieren lässt, versteht sich von selbst, und das partielle Scheitern ist dementsprechend auch noch kein Hinweis auf eine Kindeswohlgefährdung und Grund zur Sorge. Erst wenn festgestellt werden kann, dass es den Eltern gänzlich an dieser Haltung fehlt, ist Aufmerksamkeit geboten.

Erzieherischer Bedarf

Unter einem pädagogischen Blickwinkel betrachtet, deutet ein erzieherischer Bedarf immer auf einen *Lernbedarf* hin. Und im Grunde lässt sich pädagogisch betrachtet der erzieherische Bedarf mit einem Lernbedarf gleichsetzen. Das bedeutet, dass ein erzieherischer Bedarf dadurch entsteht, dass etwas nicht gelernt wurde, was aber für die familiale Lebenspraxis mit Hinblick auf das Wohl des Kindes unabdingbar ist. Und insofern lässt sich der erzieherische Bedarf am Besten dadurch ermitteln, indem gefragt wird, was das Kind, der Jugendliche und die Eltern – und vielleicht auch die gesamte Familie – lernen müssen, um einer Gefährdung der kindlichen und/oder jugendlichen Entwicklung entgegen zu wirken. Erst vor dem Hintergrund der genauen Ermittlung des Lernbedarfs können angemessene Lernhilfen konzeptualisiert werden, die dazu taugen, den Bedarf auszugleichen und damit die Gefährdung des Kindeswohls abzuwenden oder aufzuheben. Die Pädagogik des Problems – also die pädagogisch geleitete Frage nach Art und Umfang des Lernbedarfs der Familie und deren Mitglieder – lässt sich auf methodischer Ebene am besten durch eine pädagogisch inspirierte curriculare Diagnostik zu Wege bringen. Hier bietet sich zum einen das lebensgeschichtliche Gespräch an, das die curricularen Kompetenzen und die Art und Weise, wie diese erworben bzw. nicht erworben wurden, im Blick hat. Und zum anderen stellt die Biografiearbeit, die in letzter Zeit sehr aktuell ist, fundierte Methoden bereit, sich dem lebenslaufbezogenen Lernen zu nähern und Aussagen über mögliche Bedarfe zu machen (Ruhe, 2003).

In diesem Verständnis wird auch noch einmal deutlich, dass es den erzieherischen Hilfen in einem pädagogischen Verständnis nicht darum geht, Kinder, Jugendliche und Eltern als persönlich haftbar zu machen, sondern darum, dass die Eltern in ihrer elternschaftlichen Funktion so unterstützt werden, dass sie diese im Winnicott'schen Sinne „gut genug" („good enough") ausführen können. Nicht die Eltern, das Kind, der Jugendliche sind als solche Gegenstand der erzieherischen Bemühungen – das wäre ein Thema der Psychotherapie –, sondern die Zustände der beteiligten Personen.

Hilfeplan

In diesem Sinne muss auch der Hilfeplan strukturell dem *didaktischen Dreieck* nachgeformt werden, denn es geht im weitesten Sinne um die Vermittlung von Themen, die notwendig sind, um Gefährdungsmomente der kindlichen Entwicklung abzuwenden oder gar nicht erst aufkommen zu lassen und eben nicht um direkte Persönlichkeitsveränderung. Die Etablierung einer didaktisch-triangulären Struktur im Hilfeplan vermeidet auch in hohem Maße Widerstände und Abwehr auf Seiten der Betroffenen. Denn es macht einen Unterschied, ob die Eltern, das Kind und/oder der Jugendliche als solche in Frage gestellt werden, oder ob diese als Personen anerkannt werden, die einen spezifischen Lernbedarf aufweisen, den es auszugleichen gilt. So können die Beteiligten die erzieherischen Hilfen als Angebote zum Lernen auffassen und nicht als Eingeständnis, als ganze Personen versagt zu haben. Diese Sichtweise macht Sinn, weil so erst ein *pädagogisches Arbeitsbündnis* – und nichts anderes kann der Hilfeplan in pädagogischer Sicht sein – gestiftet werden kann, in dem die Anerkennung des eigenen Lernbedarfs auf Seiten der Familie konstitutiv für die Annahme der Hilfe ist. So ist es ja auch beim Arztbesuch. Erst die Tatsache, dass der Arzt mich für meine Mittelohrentzündung nicht verantwortlich und mich als Person hierfür nicht haftbar macht (ist es nicht so, gilt es den Arzt zu wechseln), ermöglicht mir, mich in ärztliche Behandlung zu begeben und gewissermaßen mit dem Arzt zusammen eine Koalition gegen die Krankheit bzw. für die Gesundheit einzugehen. Das ist die Grundlage des ärztlichen Arbeitsbündnisses und in dieser Weise gilt es, den Hilfeplan als pädagogisches *Lehr-/Lernbündnis* zu konstituieren, in dem die Motivation der Betroffenen geweckt wird, auf dem Weg des Lernens die erzieherischen (Leidens-)Zustände zu verändern.

Schaut man also zusammenfassend auf die begrifflichen Rahmenbedingungen der „Hilfen zur Erziehung", dann lässt sich festhalten, dass diese sich geradezu anbieten, pädagogisch gefasst und ausformuliert zu werden. Im Grunde ist dies auch nicht weiter verwunderlich, weil, wie bereits ausgeführt, die Pädagogik mit ihrem zentralen Thema „Erziehung" *die* Referenzdisziplin – sowohl in theoretischer als auch in interventionspraktischer Hinsicht – für die erzieherischen Hilfen abgibt. Dass selbstverständlich Wissensbestände aus Nachbardisziplinen mit berücksichtigt werden müssen, versteht sich von selbst. Insbesondere kommt im Bereich der Kindeswohlgefährdung medizinischen Expertisen eine besondere Stellung zu. Diese Expertise dient aber nur dazu, pädagogische Einschätzungen und Entscheidungen treffen zu können. Weiterhin ist aus den bisherigen Ausführungen klar geworden, dass der beste Kindesschutz in der Stärkung der Eltern besteht, und auch die erzieherischen Hilfen gut beraten sind, die Eltern mit ihrer (vorhandenen und/oder eingeschränkten) Erziehungskompetenz nicht aus dem Blick zu verlieren. Denn prinzipiell kann unterstellt werden, dass alle Eltern sich bemühen, gute Eltern zu sein.

4.2 „Hilfen zur Erziehung"

Nachdem nun die zentralen und grundlegenden Begrifflichkeiten der „Hilfen zur Erziehung" pädagogisch erläutert wurden, sollen nun die konkreten erzieherischen Hilfen pädagogisch ausformuliert werden. Für jede einzelne Hilfeform werden zunächst pädagogisch inspirierte Überlegungen angestellt, wie diese Hilfe pädagogisch zu verstehen ist, welche Ziele und welche Adressaten sie genau hat und welche Mittel vermutlich eingesetzt werden können, um die Ziele zu erreichen. Im Anschluss daran soll der explizierte pädagogische Charakter der einzelnen erzieherischen Hilfen an Beispielen verdeutlicht werden. Die Praxisbeispiele spiegeln immer nur einen kleinen Ausschnitt der einzelnen erzieherischen Hilfen wider. Die Komplexität der Praxis erlaubt es nicht, in einem Beispiel alle möglichen Ausdrucksgestalten abzubilden. Interessant wäre sicherlich die Herausgabe eines Fallbuchs erzieherischer Hilfen, wie beispielsweise eines für die klinische Kinderpsychologie und -psychotherapie (Petermann, 2002) vorliegt. Alle Praxisbeispiele sind anonymisiert und die Lebensumstände der beteiligten Personen so dargestellt, dass zwar die Kernproblematik weiterhin deutlich in Erscheinung tritt, die Personen aber nicht wieder zu erkennen sind.

Doch vorweg noch drei grundsätzliche Überlegungen zum pädagogischen Charakter der erzieherischen Hilfen.
- Die erzieherischen Hilfen bewegen sich, wie bereits in der Einführung dargestellt, im Bereich der Kinder- und Jugendhilfe und *nicht* im Ge-

sundheitswesen. Das heißt, das Primat der pädagogischen Interventionen im Rahmen der erzieherischen Hilfen liegt auf der Erziehung und nicht auf der Krankenbehandlung. Das pädagogische Handeln in diesem Kontext, das durch ein pädagogisches Verstehen getragen und begründet ist, folgt dem Ansatz *Erziehung statt Behandlung*! Immer geht es darum, Erziehungsprobleme als Lernprobleme zu konzeptualisieren. Und hierbei ist zweierlei zu berücksichtigen. Gelingt die Transformation des Familien- bzw. Erziehungsproblems in ein Lernproblem nicht, muss gefragt werden, ob das Problem durch die pädagogische Disziplin und Profession angemessen bearbeitet werden kann oder ob nicht andere Professionen die geeigneteren Mittel zur Verfügung haben. Kann aber das Erziehungsproblem vernünftigerweise in ein Lernproblem überführt werden, dann kann es immer noch sinnvoll sein, Wissen aus anderen Disziplinen und Professionen zur weiteren Klärung des Lernproblems hinzuzuziehen. Immer jedoch unter der pädagogischen Prämisse des Lernens bzw. der Lernhemmung. Die Pädagogik gibt den Deutungshorizont vor. Und wenn, wie dies scheinbar eindrucksvoll in der Jugendhilfe-Effekte-Studie (Bundesministerium für Familien, Senioren, Frauen und Jugend, 2002) dargelegt, auf die Korrelation zwischen dem Einsatz klinisch-therapeutischer Methoden und Wirksamkeit verwiesen wird, also zum Ausdruck gebracht wird, dass die Wirksamkeit der erzieherischen Hilfen umso höher ist, je mehr eine klinische Orientierung bei den Pädagogen vorherrscht, dann deutet dieser Befund nicht so sehr auf die Überlegenheit der psychotherapeutischen Methoden gegenüber den erzieherischen Mitteln hin, sondern verweist vielmehr auf das pädagogische Verstehens- und Handlungsdefizit der Pädagogen selbst. Denn diese scheinen sich ihres eigenen, genuin pädagogischen Verstehens und ihrer spezifischen Handlungskompetenz nicht sicher zu sein, oder schlimmer noch, wissen davon nichts. Der beruflichen Identitätskrise wird dann zumeist mit psychotherapeutischen Weiterbildungen begegnet, die dann aber im Grunde nur zu einer Verstärkung und Aufrechterhaltung der defizitären pädagogischen Situation und zu einer weiteren massiven Ab- und Entwertung des Pädagogischen führen.

- Die erzieherischen Hilfen folgen den grundlegenden pädagogischen Maximen, wie sie Paul Moor (1969, 1974) beispielhaft für die Erziehung formuliert hat:

- *Erst verstehen, dann erziehen!*
- *Nicht gegen den Fehler, sondern für das Fehlende!*
- *Erziehung ist immer Selbsterziehung der Erzieher!*
- *Nicht nur das Kind, sondern auch das Umfeld ist zu erziehen!*

Da jeder Mensch anders ist – er nicht einer trivialen Maschine gleicht, die nach dem Ursache-Wirkungs-Prinzip funktioniert –, gibt es auch ebenso viele Gründe, warum das Verhalten und Erleben eines Kindes, eines Jugendlichen oder der Eltern sich so und nicht anders äußert. Um hilfreich zu sein, muss die problematische Erziehungssituation zunächst gründlich verstanden werden, um hierauf aufbauend angemessen erzieherisch einwirken zu können. Es versteht sich dann von selbst, dass sich die Handlungsmaxime „Erst verstehen, dann erziehen!" nicht mit der scheinbar mühelosen Anwendung von so genannten „Erziehungsrezepten" oder standardisierten Trainingsprogrammen vereinbaren lässt. Wenn diese zum Tragen kommen sollen, dann immer nur als Teil eines Gesamterziehungsplanes.

Pädagogische Erziehungshilfe kann ihrem Charakter nach gar nichts anderes sein als Entwicklungshilfe. Das heißt, sie wendet sich mit ihren erzieherischen Bemühungen nicht so sehr der Beseitigung der Kinder-, Jugendlichen- und Elternfehler zu, sondern fragt danach, was das Kind, der Jugendliche und die Eltern brauchen, um das fehlerhafte Verhalten aufzugeben. Erziehungsprobleme werden verstanden als ein Hinweis auf einen erzieherischen Bedarf, den es zunächst zu verstehen und zu identifizieren gilt, um hierauf bezogen dann Lernangebote entstehen zu lassen und das relevante Lernen zu befördern.

Die erzieherischen Hilfen kennzeichnen sich darüber hinaus dadurch, dass nicht nur versucht wird, den Kindern und Jugendlichen etwas zu zeigen, so dass diese das lernen, was nötig ist. In gleichem Maße geht es auch darum, dass sich die Eltern auch etwas von den Kindern zeigen lassen und auch dadurch lernen. Das Zeigen der Kinder kann für die Eltern Anstoß zu Selbsterziehung werden, und die erzieherischen Hilfen unterstützen die Eltern im Wahrnehmen und in der produktiven Verwendung des von den Kindern Gezeigten. Wenn es den Eltern nicht gelingt, sowohl Alltagsszenen als auch problematische Erziehungssituationen als Lernmöglichkeiten für sich zu begreifen, besteht die Gefahr eines sich negativ verstärkenden „Teufelskreislaufs". Und es ist dann zunächst Aufgabe der Eltern, die ja die Erwachsenen sind, nach Möglichkeiten des Ausstiegs zu suchen. Erzieherische Hilfen unterstützen die Eltern bei dieser Aufgabe u. a. dadurch, dass sie die Ethik der Eigenverantwortung der Eltern in den Blick nehmen und diese thematisieren.

Schließlich sind die erzieherischen Hilfen ihrem Charakter nach immer auf die Lebenswelt und die Lebenszusammenhänge des Kindes bezogen und folgen einem sozial-ökologischen (Bronfenbrenner, 1981) und milieupädagogischen Ansatz (Busemann, 1927). Das heißt nichts anderes, als dass die erzieherischen Hilfen zunächst ganz basal die interpersonelle Natur des Menschen anerkennen und dann darüber hinaus auch um die Bedeutung der Einbindung und der Wechselwirkung von gesellschaftlichen Systemen wissen und diese in der Erziehungsplanung berücksichtigen. Diese Sichtweise ist insbesondere dann relevant, wenn zum Beispiel gefragt werden muss, ob die Familie als Mikrosystem dem (Lern-)Bedarf des Kindes noch entsprechen kann. Auch stellt sich mit Hinblick auf die konkreten Interventionen immer die Frage, wo am ehesten veränderungswirksam erzogen bzw. gezeigt werden kann. So sind manchmal die pädagogischen Interventionen am wirksamsten, die sich eben nicht direkt an die Familie richten, sondern eher Veränderungen im Umfeld herbeiführen. Und diese Veränderungen führen dann nicht selten zu einer Veränderungsmöglichkeit der Familie. In diesem Sinne können erzieherische Hilfen auch zum großen Teil als Netzwerkinterventionen verstanden werden.

- Zusammengefasst bedeutet dies: Die konkreten erzieherischen Hilfen – von der Erziehungsberatung über die (teil-)stationären Hilfeformen bis hin zur Intensiven Sozialpädagogischen Einzelbetreuung – lassen sich vor dem Hintergrund der bisherigen Ausführungen konsequenterweise in pädagogischer Sicht als Lernhilfen bzw. als Lernarrangements verstehen. Also als spezifische Angebote, die auf einen spezifischen (erzieherischen) Lernbedarf antworten. In diesem Sinne müssen sich in den erzieherischen Hilfen die grundlegenden Elemente der Erziehung finden lassen, die sich allerdings entsprechend der unterschiedlichen Formen der erzieherischen Hilfen auch unterschiedlich ausprägen. Das heißt, das Zusammenspiel von Zeigen und Lernen, von Lernbedarf und Lernhilfe, hat im Rahmen von Erziehungsberatung zum Beispiel einen deutlich anderen Charakter als in der Sozialpädagogischen Familienhilfe oder in der Heimerziehung. Auch muss darauf geachtet werden, wer von den beteiligten Personen welchen erzieherischen- bzw. Lernbedarf hat.

Sowohl die grundlegenden Gemeinsamkeiten als auch die spezifischen Ausdifferenzierungen der erzieherischen Hilfen sind Gegenstand der weiteren Ausführungen. Auf diesem Wege kann eine differenziert-differenzielle pädagogische Darstellung der „Hilfen zur Erziehung" gelingen.

4.2.1 Erziehungsberatung

Nach dem KJHG soll Erziehungsberatung Kinder, Jugendliche, Eltern und andere Erziehungsberechtigte bei der Klärung und Bewältigung individueller und familienbezogener Probleme und der zugrunde liegenden Faktoren bei der Lösung von Erziehungsfragen sowie bei Trennung und Scheidung unterstützen. Mit Erziehungsberatung als erzieherische Hilfe wird, folgt man dem KJHG, ein Breitbandverfahren vorgestellt und eingeführt, das, so scheint es zumindest, in der Lage ist, der kompletten Familie mit ihren unterschiedlichen Mitgliedern in den unterschiedlichsten Lebenslagen und mit Hinblick auf die unterschiedlichsten Anlässe erzieherische Hilfe zu bieten.

Aus pädagogischer Sicht stellt sich die Sachlage etwas differenzierter dar. Erziehungsberatung ist zuvörderst Beratung der Eltern bzw. Erziehungs-/Sorgeberechtigten in Erziehungsfragen. Und konkreter: *Erziehungsberatung ist eine professionelle Hilfe zur Selbsterziehung der Erzieher*. Das heißt, der zentrale Lernbedarf ist zunächst auf Seiten der Eltern zu verorten. Und Erziehungsberatung geht davon aus, dass sich durch den beraterischen Prozess die Erziehungsfrage, die Anlass zur Beratung war, in der Weise geklärt hat, dass die Eltern auf die Fragestellung bezogen für sich eine vernünftige und plausible Antwort gefunden haben, die es ihnen ermöglicht, zu einem angemessenen Erziehungsalltag zurückzukehren. In diesem Sinne richtet sich Erziehungsberatung an („mündige") Eltern, die ihre Erziehungspraxis prinzipiell zum

Wohle des Kindes gestalten, diese aber durch eine aufkommende Fragestellung in der Weise irritiert wird, dass sich die Weiterführung der an sich gelingenden Erziehung nicht ohne weiteres von selbst ergibt. Erziehungsberatung – als alleinige erzieherische Hilfe – ist insofern dann angezeigt, wenn keine akute Kindeswohlgefährdung vorliegt, wohl aber Unsicherheiten auf Seiten der Eltern, die durchaus dazu führen können, dass das Lernen des Kindes in negativer Weise beeinflusst werden kann. Erziehungsberatung orientiert sich also primär an der (Erziehungs-)Frage der Eltern und findet in der Beantwortung dieser Frage ihren Abschluss. Von Bedeutung für die beraterische Bearbeitung der Fragestellung der Eltern ist die Einschätzung, aus welchem Bereich sich die Fragestellung speist und dadurch auch aufrechterhalten wird. Der Erziehungsberater hat sich, nach genauster Explikation der Fragestellung der Eltern, zu fragen, ob diese, also die Erziehungsfrage, sich aus mangelndem Wissen, Können oder unangemessenen Haltungen ergibt. So kann sich beispielsweise der Lernbedarf durch eine Information durch den Berater aufheben. Und ebenso können das Initiieren und das beraterische Begleiten von einübenden Verhaltensänderungen zur Lösung der Fragestellung beitragen. Hauptgegentand der erziehungsberaterischen Bemühungen sind aber (Fehl-)Einstellungen und (Fehl-)Haltungen der Eltern, die einen gelassenen Erziehungsalltag verkomplizieren. Hier geht es in der Beratung dann darum, den Eltern durch einen klärend-reflexiven Prozess die eigenen Anteile bewusst zu machen, die für das Erziehungsproblem maßgeblich sind, die dieses also erst hervorbringen und aufrechterhalten. Das heißt, Erziehungsberatung bewegt sich zwischen Wissensvermittlung, Anleitung zur Verhaltensänderung und Anleitung zur Selbstreflexion und bedient sich dabei überwiegend der Beratung als komplexer Form pädagogischen Handelns, wobei unterrichtende und übende Elemente mit einfließen.

Praxisbeispiele

Frau Müller ist eine 35-jährige Frau, die auf Drängen ihres Mannes einen Beratungstermin in einer Erziehungsberatungsstelle vereinbart hat. Und es ist auch der Ehemann, der sofort anfängt zu berichten, als der Berater nach dem Anlass der Beratung fragt. Das Paar habe zwei Kinder, es ginge aber um die 13-jährige Tochter. Er, der Ehemann und Vater, könne die andauernden Auseinandersetzungen zwischen Mutter und Tochter nicht mehr ertragen. Immer ginge es darum – und das fast jeden Tag –, wann die Tochter nach Hause kommen sollte und mit welchen Freunden sie sich treffen dürfe. Frau Müller wirkte bei den Erzählungen ihres Mannes „verstockt" und brachte ihrerseits ausgefeilte und fundierte Argumente für ihr Handeln vor. Im Verlauf der ersten Beratungsstunde stellte sich heraus, dass Herr Müller mit seiner Sichtweise gar nicht so falsch lag. Der Umgang mit Freunden, den die Tochter pflegte, erschien nicht als besonders bedrohlich: Keine Drogen, kein Alkohol und auch keine sich selbst gefährdenden Aktionen. Die Jugendlichen experimentierten mit den Möglichkeiten ihres Entwicklungsalters, und das in einem verantwortungsvollen Umgang. Durch die Klärung der Sachverhalte und Situationen entstand eine Motivlücke bei Frau Müller. Es ging also um die Frage, was ihr Verhalten auslöste. Durch behutsame Ermunterung, einfühlendes Verstehen und dosierte Konfrontation des Beraters gelang es Frau Müller, auf ihre Jugendzeit zu sprechen zu kommen. Es sei ihr Vater gewesen, der sie ständig ermahnt hatte, aufzupassen, „es nicht zu doll zu treiben", und es nicht versäumte, sie permanent auf die Gefahren des Lebens hinzuweisen. Frau Müller bildete daraufhin eine ängstliche Erwartungshaltung aus, die sich nun mit Bezug auf ihre Tochter, die jetzt ins gleiche Alter gekommen ist, aktuell in interpersoneller Weise Ausdruck verschafft. Frau Müller konnte dann sehen, dass es mit Hinblick auf die vermeintliche Erziehungsproblematik mehr um ihre eigene Jugend geht als um die ihrer Tochter. Frau Müller wollte sich nun überlegen, ob es ihr jetzt gelingen würde, die Beziehung zu ihrer Tochter gelassener zu gestalten oder ob nicht eine eigene Beratung notwendig sei, um die Situation zu entspannen.

Frau Müller stand die eigene und bis dahin noch nicht völlig bewusste Lebensgeschichte der (alters-)angemessenen Beziehungsgestaltung zu ihrer Tochter im Wege. Das eigene im „Dort und Damals" Erlebte bildete sich im „Hier und Jetzt" der Mutter-Tochter-Beziehung ab und drohte zu einem Entwicklungshindernis für die Tochter und die Mutter zu werden. Die mit Hilfe der Beratung in Gang gesetzte Selbstreflexion konnte die Situation entspannen und alternative Erlebens- und Verhaltensweisen aufzeigen.

> *Herr Schmidt* wandte sich an eine Erziehungsberatungsstelle, weil ihn der Streit mit seinem 8 Jahre alten Sohn aufreibe. „Er könne nun bald nicht mehr", so seine Aussage. Thomas, so der Name des Sohnes, sei von Herrn Müller und seiner Frau schon als Baby adoptiert worden. Die Eltern hätten sich schon immer Kinder gewünscht, doch es habe nicht „geklappt". Mit der Adoption habe eine sehr schöne Zeit begonnen und diese habe auch angehalten, als Herr und Frau Müller ihren Sohn zu Beginn der Schule über seine leiblichen Eltern aufgeklärt hätten. Seit einem halben Jahr aber würde sein Sohn bei jeder Auseinandersetzung dem Vater mitteilen, dass er ja nicht sein Vater sei. Ab einem gewissen Punkt während des Streits sei Herr Müller so „betroffen", dass er dann den Raum verließe. Am Ende seien Vater und Sohn tief traurig und verzweifelt. Vereinbart wurde mit Herrn Müller, dass er im Streitfall nicht den Raum verlassen, sondern bei seinem Sohn bleiben sollte und ihm, so ruhig es eben ginge, mitzuteilen, dass, egal was passieren sollte, er immer sein Vater bleiben und sich um ihn kümmern würde. Dieses Vorgehen wurde mit Herrn Müller besprochen und auch in der Umsetzung beraterisch begleitet. Nach mehreren Wochen wurde deutlich, dass der Sohn im Grunde große Angst hatte, seine Eltern zu verlieren und die Auseinandersetzungen mit dem bekannten Verlauf diese Angst bestärkten und aufrechterhielten. Als der Vater aber blieb, beruhigte und entspannte sich die Situation zunehmend und beide konnten mehr und mehr darüber sprechen, was die Adoption für beide bedeutete.

Häufig dient Erziehungsberatung dazu, den Eltern Verhaltensvorschläge zu unterbreiten und die Eltern auch in der ausprobierenden Umsetzung der Vorschläge zu begleiten und zu unterstützen. Hier steht weniger die Selbstthematisierung der Eltern im Vordergrund als das Aufzeigen alternativer Verhaltensweisen und Möglichkeiten. Dass das Aufzeigen und die durch Beratung begleitete Umsetzung auf ein Arbeitsbündnis angewiesen sind, versteht sich von selbst. Wichtig ist nur, dass der Berater einzuschätzen versucht, welche Form des Zeigens verspricht, am wirkungsvollsten zu sein.

> *Frau Berg* suchte die Erziehungsberatungsstelle auf, weil sie sich Sorgen um den Entwicklungsstand ihrer 1,5 Jahre alten Tochter mache. Jenny, so der Name der Tochter, ginge seit knapp einem halben Jahr in die Kindertagesstättenbetreuung in eine altersgemischte Gruppe. Da dort viel gemalt werde, habe Frau Berg festgestellt, dass Jenny nicht in der Lage sei, Kopffüßler zu malen. „Das sei doch aber wichtig für den späteren Schulerfolg", so Frau Berg und machte damit deutlich, dass sie sich große Sorgen um die Entwicklung ihres Kindes mache. Frau Berg konnte sich aber sofort beruhigen, als der Berater ihr mitteilte, dass ihre Sorgen völlig unberechtigt seien, da Kleinkinder erst ab ca. drei Jahren in der Lage sein sollten, Kopffüßler zu malen. Da habe Jenny doch noch etwas Zeit.

Der Information kommt wie der Anleitung zur Selbstreflexion und der Anleitung zur Verhaltensänderung in gleicher Weise Bedeutung zu. Manchmal reicht es schon aus, Eltern hinsichtlich eines erziehungsrelevanten Sachverhalts mit Information zu versorgen, um die Erziehungsfrage zu klären. Dass die Information und die Übung doch manchmal scheitern und auf Themen des erwachsenen Elternteils oder Paars verweisen, heißt nicht, dass es in der Erziehungsberatung prinzipiell um Themen geht, die „tiefer" liegen als das vorgebrachte Anliegen. Immer ist es vom Erziehungsberater zu erwarten, dass er das Erziehungsproblem, das die Eltern vorbringen, als ein Lernproblem versteht und darauf bezogen sein beraterisches Handeln ausrichtet.

Dass sich Erziehungsberatung, wie dies auch der Gesetzgeber vorsieht – trotz aller pädagogisch begründeten Vorbehalte, denn man kann Kinder prinzipiell nicht beraten (Hechler, 2010) –, mit ihrem so genannten therapeutischen Angebot auch an Kinder richtet, soll das abschließende, ausführlichere Beispiel verdeutlichen.

Der 12-jährige *Robert* wurde von seinen Eltern in der Erziehungsberatungsstelle vorgestellt, weil sie den Eindruck hatten, keinen Zugang mehr zu ihrem Sohn zu finden. Er ziehe sich zunehmend mehr zurück, nehme an den Familienaktivitäten, die von den Eltern als besonders wichtig angesehen wurden, nicht mehr teil und habe auch in der Schule aufgrund seiner ruhigen Art immer mehr Probleme, da er sich nicht ausreichend am Unterricht beteiligen würde. Ausschlaggebend für die Entscheidung, eine Beratung in Anspruch zu nehmen, sei ein Suizidversuch von Robert gewesen, der von der Mutter rechtzeitig entdeckt wurde. Robert habe sich eine Schnur um den Hals gelegt, diese am Schrank festgebunden und versucht, sich so zu strangulieren. Er habe einen Abschiedsbrief hinterlassen, in dem er seine Eltern frei von jeder Schuld sprach, sie hätten nichts damit zu tun, dass er nicht mehr leben wolle. Die Exploration ergab keinen nennenswerten Hinweis auf ein auslösendes Ereignis, einzig die Erzählung der Eltern, Robert sei von Geburt an krank gewesen, er habe eine Verengung der Bronchien gehabt, die medikamentös behandelt werden musste, sich aber im Entwicklungsprozess auswuchs, ließ den Berater mögliche traumatische und mit Todesangst verbundene Erfahrungen vermuten. Insgesamt ließen ihn die Erzählungen, die sich über zwei Termine erstreckten, in gleicher Weise ratlos werden wie die Eltern. Was allerdings neben der Ratlosigkeit, die aufgrund der freundlichen Verbundenheit der Eltern bewusstseinsnäher war, beim Berater zurückblieb, war ein gehöriges Maß an Aggression und Wut. Denn im Grunde genommen liefen alle pädagogisch-therapeutischen Bemühungen ins Leere. Vor dem Hintergrund der Verzweiflung der Eltern und auch der Schwere der Problematik wurde vereinbart, mit Robert pädagogisch-therapeutisch zu arbeiten. In den Einzelterminen drohte sich die bereits skizzierte Dynamik zu wiederholen. Robert saß mit dem Berater gemeinsam im Kindertherapiezimmer und beide wussten nicht so recht, was sie miteinander anfangen sollten. Robert kam pünktlich jede Stunde, setzte sich sehr brav auf einen Stuhl und wartete ab, was nun passieren würde. Dem Berater fiel die Rolle zu, entweder von sich aus Vorschläge zu machen, was heute Thema sein kann und wie man dieses Thema angehen könnten, oder aber die Situation Robert zu überlassen, der dann immer wieder demonstrieren konnte, dass der Berater, weil ihm ja nichts einfiele, nichts „drauf habe". Die Situation veränderte sich erst, als der Berater sich entschied, im Grunde gab es ja nichts zu verlieren, die sich wiederholende Dynamik aktiv zu durchbrechen. Er begann, deutlich Stellung zu Roberts Verhalten zu nehmen, gab viele Antworten und provozierte auch mit vielen Fragen, die Robert auch gelegentlich ärgerlich werden ließen. Dieser Ärger konnte dann aber auch wieder Gegenstand der gemeinsamen Gespräche werden. Aus einseitigen monologischen Bemühungen des Beraters wurden gegenseitige dialogische Auseinandersetzungen. Doch trotz der Entwicklung hin zu einer gemeinsamen Auseinandersetzung verstand es Robert, vieles zu intellektualisieren und zu rationalisieren. Immer dann, wenn es um leidenschaftlich besetzte oder aggressiv-libidinöse Themen in den Gesprächen und Phantasien ging, zog sich Robert aus der Kommunikation zurück. Dieser Rückzug nahm auch körperliche Formen an. Robert fiel in sich zusammen, von einem zuvor selbstbewussten Jungen, der die Beziehung mitgestaltete, Themen einbrachte und auch zurückwies, zu einem selbstunsicheren 12-Jährigen, der sich nichts mehr zutraute, sich schämte und dadurch die Beziehung abbrechen musste. An dieser Stelle des pädagogisch-therapeutischen Prozesses entschied sich der Berater für einen grundlegenden Settingwechsel, da sich die Erziehungsberatungsstelle direkt neben einem öffentlich zugänglichen Freizeitgelände befindet, das über einen Fußballplatz, ein Basketballfeld, über diverse Ausstattungen für Skater, Tischtennisplatten und auch über einen Kletterwürfel (ca. 3 Meter in der Länge, Höhe und Breite) verfügt. In den nächsten und darauf folgenden Stunden wurde mit einem Basketball das Gelände erkundet und dem Berater wurde dabei deutlich, dass die (aggressive) Hemmung von Robert auch körperlich organisiert zu sein schien. Robert hatte große Probleme, den Ball zu werfen, zu fangen, zu dribbeln, nicht etwa, weil er zu untrainiert war, sondern weil er sich und seinem Körper nichts zutraute. Anfänglich wirkte er steif und ungelenk, war verschämt, wenn er aus seiner Sicht nicht gut geworfen hatte, ließ sich aber immer wieder für das gemeinsame Spiel begeistern. So gewann Robert großen Gefallen am Basketball, er wurde geschickter und entwickelte eine ordentliche Portion Kraft, so dass er es auch bald wagte, den Berater im Spiel herauszufordern. Robert hatte im Fernsehen gesehen, wie in den USA zwei Personen um einen Korb spielten und hatte hierfür die Regeln ausfindig gemacht. Neben der Erfahrung der Selbstwirksamkeit und dem zunehmenden Zutrauen in den eigenen Körper erschien es so, als habe die spielerische Auseinandersetzung direkte Auswirkungen auf Roberts Verhalten und Erleben gehabt. Er nahm eine deutlich abgegrenztere Haltung ein, drückte sich seinem Alter entsprechend sprachlich aus, ohne gleich seine Impulsivität kontrollieren zu müssen und nahm lustvoll die Herausforderung mit auf. Nach einer Weile entdeckte Robert den Kletterwürfel, den er zwar schon eine geraume Zeit kritisch beäugt, sich aber bislang noch nicht getraut hatte, erste Annäherungsversuche zu unternehmen. „Hey, lass uns mal klettern!" so seine Aufforderung. Ab diesem Zeitpunkt bestimmte das Klettern die weiteren Termine. Zunächst erkundete Robert von unten alle vier Seiten und deren Möglichkeiten, auf die Plattform zu kommen. Der Kletterwürfel zeichnet sich durch verschiedene Schwierigkeitsgrade, sogar ein Überhang ist vorhanden, aus. Ging es zunächst darum, dass Robert die Auseinandersetzung mit einer einfachen Seite begann und den Berater bat, unten zu stehen und aufzupassen, so veränderte sich nach zwei Stunden die Spielsituation in Richtung „Seilschaft". Robert wollte auch die anderen Seiten erklimmen, musste aber feststellen, dass er dazu Hilfe brauchte. Der Berater bot an, ein Seil aus dem Kindertherapiezimmer mitzunehmen und dann gemeinsam zu schauen, was sich so damit anfangen ließe.

Nach zögerlichem Ausprobieren hatte Robert dann eine Lösung gefunden. Der Berater sollte vorausklettern, ihm dann, oben angekommen, das Seil zuwerfen, das er sich dann umbinden wolle, und ihn dadurch von oben sichern. Auf diese Weise gelang die Besteigung aller vier Steilwände.

Die parallel zu den Einzelterminen mit Robert geführten Elterngespräche machten deutlich, dass es innerhalb der Familie zusehends mehr Streit gab, der in irgendeiner Form nach Klärung verlangte. Die Familie sah sich – insbesondere durch Roberts Entwicklung – gezwungen, zu streiten und sich mit einander auseinander zu setzen und auf diesem Wege die anstehenden Entwicklungs- und Lernaufgaben aktiv anzugehen.

Pädagogisch-therapeutische Arbeit innerhalb der Erziehungsberatung ist grundsätzlich zu unterscheiden von einer kinderpsychotherapeutischen Krankenbehandlung. Wie bereits ausgeführt, können die pädagogischen Bemühungen durchaus auch kurativen Charakter im Sinne einer Heilbehandlung haben, doch zielen die pädagogisch-therapeutischen Bemühungen prinzipiell auf das Lernen der Kinder und Jugendlichen. In diesem Sinne ist die pädagogisch-therapeutische Arbeit mit Kindern und Jugendlichen im Rahmen des KJHG als Entwicklungstherapie aufzufassen, die sich zwischen erzieherischer, fördernder und psychotherapeutischer Einflussnahme bewegt und die auf die Ermöglichung und/oder Wiederaufnahme von kindlichen bzw. jugendlichen Lernprozessen abhebt, die bislang nicht stattgefunden haben oder ins Stocken geraten sind, deren Lerninhalte aber für eine befriedigende Lebensführung zentral sind.

4.2.2 Soziale Gruppenarbeit

Soziale Gruppenarbeit richtet sich, blickt man in die Praxis, überwiegend an Jugendliche und gelegentlich auch an junge Erwachsene und soll diesen mit Hilfe eines gruppenpädagogischen Konzepts helfen, Entwicklungsschwierigkeiten und Verhaltensprobleme zu überwinden. Adressaten der gruppenpädagogischen Bemühungen sind also Jugendliche und junge Erwachsene, nicht deren Eltern. Der erzieherische bzw. der Lernbedarf wird beim Jugendlichen/jungen Erwachsenen gesehen. Dieser hat etwas zu lernen, was er bisher im Rahmen der Familien- und Schulerziehung nicht gelernt hat, das er aber für seine weiterführende Lebenspraxis gut gebrauchen kann. Da sich Soziale Gruppenarbeit nicht als schulische Nachhilfe versteht, ist davon auszugehen, dass sich die Inhalte der Gruppenarbeit implizit überwiegend an den Themen der Familienerziehung orientieren. Obwohl Schule ja auch Hilfe zur und Lernen durch Arbeit ist, sind die Themen der Sozialen Gruppenarbeit eher zwischenmenschlicher Natur. In gewisser Weise sollen durch die künstliche soziale Gruppe Themen der natürlichen Familiengruppe „nacherziehend" gezeigt und gelernt werden. Die soziale Gruppe wirkt in diesem Sinne kompensatorisch zur Familiengruppe. Und das heißt auch, dass man den Eltern nicht mehr zutraut, die relevanten Themen ihren Kindern (noch) zu zeigen, so dass hier eine alternative Form gewählt wird, die den Vorteil darin hat, dass das *Zeigen und Lernen in und durch die Gruppe* stattfindet und überwiegend nicht durch die Eltern oder eine andere Erziehungsperson. Obwohl es Themen der Familienerziehung sind, die „nacherziehend" gezeigt und gelernt werden sollen, bedient sich die Gruppe weniger der Übung und der Unterrichtung, die prinzipiell bei themenorientierten Treffen auch vorkommen können, als vielmehr der Rückmeldung und des Feedbacks. Die kompensatorische und ergänzende Funktion der Sozialen Gruppenarbeit zur Familienerziehung verweist auch auf den Charakter einer möglichen Kindeswohlgefährdung. Zwar kann bei den Jugendlichen festgestellt werden, dass eine Einschränkung ihrer Lerngeschichte durch die sozialen Lerndefizite droht, gleichwohl kann davon ausgegangen werden, dass das Lernen in und durch die Gruppe diesen Lernbedarf auszugleichen vermag, so dass keine weitere Gefährdung anzunehmen ist. Das heißt aber auch, dass sich der Pädagoge in seiner Einschätzung sicher sein muss, dass das, was die Gruppe zu leisten vermag, auch ausreicht, dem spezifischen Lernbedarf des einzelnen Jugendlichen zu begegnen.

Praxisbeispiel

In einem Stadtteilzentrum einer Großstadt kommt jede Woche für 1,5 Stunden eine *Gruppe* von sieben männlichen Jugendlichen im Alter von 16–17 Jahren zusammen. Leiter der Gruppe ist ein Sozialpädagoge, der hauptsächlich für den Rahmen der Gruppe verantwortlich ist. Herr Walter, der Sozialpädagoge, sorgt dafür, dass der Raum immer zur gleichen Zeit zur Verfügung steht, dass immer ausreichend Stühle und Sitzgelegenheiten vorhanden sind und dass es immer etwas zu trinken und zu knabbern gibt. Das, was die Gruppe kennzeichnet, ist, dass alle Jugendlichen schon irgendwie mit dem Gesetz in Konflikt geraten sind. Sei es im Rahmen von körperlichen Auseinandersetzungen oder vor dem Hintergrund betrügerischen Verhaltens. Obwohl hier schon von einem gewissen Maß an krimineller Energie gesprochen werden kann, gab es bisher noch keine wirklichen Verurteilungen, denn die „Taten" der Jugendlichen hatten eher den Charakter von adoleszenten (Initiations-)Ritualen. Und insofern sollten die polizeilichen und gerichtlichen Kontakte auch eher einen erzieherischen Effekt haben. Die Jugendlichen sollten zunächst nicht kriminalisiert werden. Gleichwohl hat die Gruppe in diesem Sinne nur einen eingeschränkten Freiheitsgrad und damit finden sich die Jugendlichen auch eher gezwungener Maßen in der Gruppe wieder. Eine Situation, die für alle Beteiligten eine echte Herausforderung ist. Die Atmosphäre zu Beginn der Sozialen Gruppenarbeit war durch offene Ablehnung der Gruppenarbeit und durch die Entwertung des Gruppenleiters durch die Jugendlichen charakterisiert. Im Vordergrund der Diskussion standen fast immer die vermeintliche Grandiosität der Jugendlichen auf der einen Seite und die fast grenzenlose Dummheit der Gesellschaft im Allgemeinen und der Geschädigten im Speziellen. Mitgefühl und Einsicht ließen sich nicht erkennen. Vielmehr wurde immer wieder von den Jugendlichen ausgesagt – und hierbei geriet die Gruppe fast ins Schwärmen –, dass die Geschädigten doch irgendwie selbst daran Schuld seien, dass sie zu Opfern wurden. Entweder weil sie sich „über's Ohr hauen" ließen oder aber weil sie in der direkten körperlichen Auseinandersetzung einfach zu schwach gewesen seien. Und wie ja jeder weiß, bestehen nur die Starken und Klügsten in der Welt. Die Grandiosität und die Omnipotenzphantasien der Jugendlichen, von denen viele „aus gutem Haus" kamen, „blühten" in der Gruppe förmlich auf und schienen ungebrochen. In dieser Phase erschien dem Sozialpädagogen die Gruppenarbeit mit den Jugendlichen mehr als fragwürdig und ließ ihn des Öfteren an der Sinnhaftigkeit des Unterfangens zweifeln. Als besonders bedeutsam erschienen die emotionalen Gegenreaktionen von Herrn Walter auf das Verhalten der Jugendlichen. Herr Walter war professionell genug, seine Gefühle mit Hinblick auf die Gruppe und die Jugendlichen nicht einfach auszuleben. Zunächst einmal versuchte er, diese zu verstehen. Das zentrale Gefühl des Sozialpädagogen konnte als Gefühl der Vergeltung bezeichnet werden, das sich offensichtlich aus den Kränkungen und Entwertungen der sprachlichen Beiträge der Jugendlichen speiste. Es bestand der Wunsch, es denen nun endlich mal „heimzuzahlen". Gleichwohl wurde aber deutlich, dass so, würde man diesem Impuls folgen, die delinquente Spirale nur weiter vorangetrieben würde. Aufgabe des Gruppenleiters war es zu dieser Zeit, die Affekte der Jugendlichen zunächst wie in einem Container aufzubewahren und die „Angriffe" auszuhalten. Dies gelang Herrn Walter auch deswegen, weil neben der Anstrengung und Frustration, die mit der sozialen Gruppenarbeit verbunden waren, auch festgehalten werden konnte, dass die Jugendlichen regelmäßig zur Gruppe erschienen und die Gruppe offensichtlich große Bedeutung erlangt hatte. Ausgangspunkt für eine rasante Veränderung war das plötzliche Fernbleiben eines Jugendlichen über drei Stunden ohne Begründung. Die Gruppe war außer sich, ärgerte sich über die Unverfrorenheit, sich nicht zu entschuldigen, und bat Herrn Walter, in Erfahrung zu bringen, was mit dem Ferngebliebenen geschehen war. Zeigten die Jugendlichen zu Beginn der Gruppe ein antigesellschaftliches, aggressiv-verächtliches und entwertendes Verhalten, so entstand nun der Eindruck einer fast konservativ zu bezeichnenden Werthaltungen. Es ging um die Frage, wann man sich entschuldigen sollte, wenn man nicht kommen kann. Ob dies nicht auch schon vorher zu geschehen habe. Aber auch Gefühle von Verlust, Ärger und Trauer konnten dann durch die sprachliche Unterstützung von Herrn Walter zum Ausdruck gebracht werden. Die Gruppe war auf diesem Wege zu einem positiv besetzten Objekt der Jugendlichen geworden, deren Normen und Werte sie selbst, ohne es bewusst zu wissen, ins Leben gerufen haben. Die Gruppe wurde also zu einem kreativen Produkt ihrer selbst, und erst die Verletzung des Rahmens durch das Fernbleiben ermöglichte die Wahrnehmung der Grenzen und Strukturen. Und da die Gruppenkultur von den Jugendlichen selbst hervorgebracht worden war, war die Rahmenverletzung auch direkt für die anderen „am eigenen Leibe" spürbar. Es konnte nun auf dem Wege der Perspektivenübernahme sowohl thematisiert werden, wie es ist, geschädigt zu werden, und wie darüber Enttäuschung, Trauer und Wut entsteht. Auch konnten sich die Jugendlichen im Prozess der Auseinandersetzung mit sich selbst in die von ihnen Geschädigten zunehmend mehr einfühlen.

Die Gruppe eröffnet hier ein Lernfeld, das signifikantes Lernen ermöglicht. Und es ist das Medium Gruppe, das es vollbringt, relevante Lerninhalte so zur Darstellung zu bringen – man könnte sagen: die Gruppe „zeigt" –, dass die Jugendlichen diese sich auch aneignen können. Im Grunde genommen fungieren die Jugendlichen in der Gruppe und durch die Gruppe selbst als Zeigende und Lernende zugleich. Bei richtiger pädagogischer Indikation vermag die Soziale Gruppenarbeit Lernprozesse bei den Jugendlichen in Gang zu setzen, die durch die üblichen Erziehungsinstanzen nicht zu vollbringen waren und auch nicht mehr zu vollbringen sind. Gruppenpädagogik scheint mit Hinblick auf signifikante Lernprozesse ähnlich hohe Effektstärken aufzuweisen wie die Gruppenpsychotherapie mit Hinblick auf seelische Heilungsprozesse (vgl. Tschuschke, 2010). Diese Tatsache erklärt sich dadurch, dass der Mensch seiner Natur nach ein „Gruppengeschöpf" (Bion, 2001, S. 124) ist und menschliches Lernen immer soziales bzw. zwischenmenschlich determiniertes Lernen ist. Selbst wenn der Einzelne im „stillen Kämmerlein" lernt, ist dieses Lernen (auch) durch die prinzipielle „Vergrupptheit" (ebd., S. 124) des Menschen beeinflusst.

4.2.3 Erziehungsbeistand und Betreuungshelfer

In der Praxis dieser erzieherischen Hilfe muss üblicherweise dahingehend unterschieden werden, dass ein Erziehungsbeistand für das Kind auf Wunsch der Eltern eingerichtet werden kann. Ein Betreuungshelfer wird zumeist auf Anordnung eines Jugendgerichts bestellt. Für beide Hilfen gilt, dass sie sich zwischen Freiwilligkeit und Zwang bewegen. An dieser Stelle wird auch deutlich, dass die Geschichte des Betreuungshelfers bis in die Zeit des Jugendwohlfahrtsgesetzes zurückreicht und seine Aufgabe häufig darin zu sehen war, den Jugendlichen vor sich selbst und die Gesellschaft vor dem Jugendlichen zu schützen. Das so genannte „doppelte Mandat" der Sozialarbeit lässt sich hier besonders gut ablesen. Was einerseits als paradoxe Handlungsstruktur beschrieben werden kann, nämlich sowohl dem Jugendlichen als auch der Gesellschaft verpflichtet zu sein, macht aber auf der anderen Seite auch die Stärke dieser Hilfe aus, ist sie doch an der Schnittstelle zwischen Individuum und Gesellschaft angesiedelt. Dies ist ein Spannungsverhältnis, das sich für den Menschen prinzipiell ergibt und das nicht zu umgehen ist. Insofern erscheint das Herstellen und das Aufrechterhalten eines Arbeitsbündnisses als nicht gerade einfach, doch spiegelt die professionelle pädagogische Beziehung Strukturelemente einer Eltern-Kind-Beziehung wider, und das scheint auch genau die Chance dieser Hilfeform zu sein. Der pädagogische Blick richtet sich nicht nur vordringlich – wie dies bei der Sozialpädagogischen Einzelbetreuung der Fall ist – auf den Jugendlichen und auch nicht überwiegend auf die gesamtfamiliären Verhältnisse – hier sei die Sozialpädagogische Familienhilfe angeführt –, sondern auf das Dazwischen, auf die notwendige Vermittlung von Individuum und Gesellschaft. Und hier ergibt sich auch der spezifische Lernbedarf des Jugendlichen. Erziehungsbeistand und Betreuungshelfer heben auf die Integration des Jugendlichen in die Gesellschaft ab, sie leisten Hilfe und Unterstützung bei dem durch Lernen getragenen notwendigen Prozess der gesellschaftlichen Integration.

Und überwiegend werden hier Themen der Schulerziehung relevant. Nicht im Sinne von zu lernendem Unterrichtsstoff, sondern vielmehr im Sinne des Übergangs von der familialen Gemeinschaft zur gesellschaftlichen Ordnung. Dieser Übergang braucht in hohem Maße Orientierung und auch Führung! Insofern ist es auch nur, wahrscheinlich nur vor dem Hintergrund sozialwissenschaftlicher Professionstheorien, bedingt richtig, von einem doppelten Mandat zu sprechen, weil sich die Übergangs- und Integrationshilfe eben nur durch die Berücksichtigung der beidseitigen Interessen von Jugendlichen und Gesellschaft zu Wege bringen lässt. Das Handeln des Pädagogen gleicht dem eines Vermittlers zwischen Welt und Individuum und muss strukturell im Sinne eines notwendigen Lernprozesses dem Jugendlichen die Wahrheiten der Gesellschaft auch zumuten und ihm dabei Hilfestellung geben, diese Zumutungen auch produktiv zu bewältigen. Erziehungsbeistand und Betreuungshelfer realisieren im Grund das pädagogische Prinzip, dass es Selbstbestimmung nur auf dem Weg der partiellen Fremdbestimmung gibt. Oder mit Kant (1878) gesprochen, wird die zu kultivierende Freiheit, die sich dann als personale Selbstbestimmung äußert, zunächst mit Mitteln des Zwangs, als Ausdruck von Fremdbestimmung, erreicht.

Praxisbeispiel

Paula, eine 17-jährige junge Frau, hat schon einiges hinter sich. Ihre Eltern haben sich getrennt, als sie drei Jahre alt war. Der türkischstämmige Vater wollte sich seinen und den Traum seiner Eltern erfüllen und wollte nach der Geburt seiner Tochter mit der gesamten Familie in die Türkei übersiedeln. Die Mutter von Paula konnte ihren Mann lange hinhalten und erst im dritten Lebensjahr spitzte sich der Streit, der latent zwar immer schon vorhanden war, jetzt aber zum Ausbruch kam, zu. Die Mutter konnte das alleinige Sorgerecht für ihre Tochter erwirken, und der Vater ging in die Türkei. Nach der Scheidung heiratete Paulas Mutter relativ schnell wieder und bekam auch – als Paula fünf Jahre alt war – wieder ein Kind. Auch der Vater heiratete in der Türkei wieder und bekam im

Laufe der Ehe zwei Töchter. So konstellierten sich um Paula herum zwei neue Familien, ohne dass sie das Gefühl hatte, zu einer dieser Familien richtig zu gehören. Der Kindergarten- und der Grundschulzeit können aus heutiger Sicht kompensatorische Funktion zugesprochen werden, denn Paula hatte das Glück, dass es sowohl in der Kindertagesstätte als auch in der Grundschule Pädagogen gab, die sich aufrichtig um sie bemühten. Und auch die Einbindung in die Gleichaltrigengruppe fiel Paula nicht schwer. Die Situation änderte sich dramatisch, als Paula in eine weiterführende Schule wechselte. Ihr Freundeskreis zerbrach und die Lehrer waren alles andere als ihr zugetan. So entwickelte Paula ein oppositionelles Verhalten, das zwar als Bedürftigkeit zu verstehen war, von den beteiligten Personen, Lehrer wie Mutter, aber nicht verstanden wurde. Paula, eine sonst gute Schülerin, schrieb schlechte Noten, weil sie die Arbeitsblätter zumeist leer abgab und freundete sich mehr und mehr mit Jugendlichen an, die der Schule fernblieben und die zu einer aktiven Verweigerungshaltung neigten. So kam es auch, dass Paula ihre schulpflichtigen Jahre ohne Schulabschluss beendete. Dies war der Zeitpunkt, an dem das Jugendamt mit der Mutter für Paula einen Betreuungshelfer bestellte. Frau Jakob, die Betreuungshelferin und erfahrene Sozialpädagogin, hatte zunächst große Mühe, Kontakt zu Paula zu bekommen. Paula tat jedwede Bemühung verächtlich ab und meinte, das sei doch alles nur Gelaber. Frau Jakob war klar, dass es nicht darum ginge, Paula ausschließlich nur Freizeitangebote oder Beratung anzubieten, sondern dass sie Paula gegenüber eine „Führungsposition" einnehmen und ihr etwas zumuten müsse. So besuchte sie Paula häufig bei ihrem Freund, bei dem sie seit geraumer Zeit wohnte, und blieb so lange, bis beide eine Vereinbarung über die Ziele und das weitere Vorgehen getroffen hatten. Hauptziel war das Erreichen eines Hauptschulabschlusses, und hierfür musste einiges an Formalitäten erledigt werden. Frau Jakob übernahm hier die Führung und Paula konnte sich zunehmend an Frau Jakob orientieren, insbesondere dann, als sie merkte, dass eben nicht nur geredet, sondern auch gehandelt wurde und dieses

Handeln auch Erfolg zeigte. Durch die stetigen Bemühungen um die „Zustandsverbesserung" von Paula und das Erfolgserleben durch Paula erlangte Paula nach einem dreiviertel Jahr einen guten Hauptschulabschluss, worüber sie sich sehr freute und nun eigenständig weitere Planung in Richtung Lehre oder weiteren Schulbesuch unternahm. Diese Entwicklung war auch deswegen möglich, weil es Paulas Mutter – durch Unterstützung der Betreuungshelferin – möglich wurde, trotz oberflächlicher Ablehnung durch ihre Tochter, für Paula da zu sein. So konnte eine Situation entstehen, in der Paulas Mutter Mutter sein konnte und Frau Jakob eher den triangulierenden väterlichen Aspekt übernahm. Diese Aufteilung hatte für alle eine entlastende Funktion und Paula erlebte in Ansätzen das, was ihr fehlte, das aber für ihre Entwicklung bedeutsam ist, nämlich im weitesten Sinne die Erfahrung und die Auseinandersetzung mit einem „väterlichen Gesetzgeber".

Erziehungsbeistandsschaft und Betreuungshilfe zeichnen sich explizit dadurch aus, dass sie zwischen den Bedürfnissen des Individuums und den Ansprüchen der Gesellschaft vermitteln bzw. dieses Spannungsverhältnis so zur Darstellung bringen, dass der daraus resultierende Konflikt als Lernaufgabe begriffen und lernend bewältigt werden kann. Es ist die vergegenwärtigende Repräsentanz des Konflikts durch den Pädagogen, die die Wirksamkeit der erzieherischen Hilfe ausmacht.

4.2.4 Sozialpädagogische Familienhilfe

Die Sozialpädagogische Familienhilfe als eine intensive Hilfe- und Unterstützungsform für die gesamte Familie fokussiert auf die Bewältigung von Erziehungsaufgaben, Alltagsanforderungen sowie auf die Lösung von Problemen, die sich aus den notwendigen und auch erzwungenen Kontakten mit Ämtern und Institutionen ergeben. Sozialpädagogische Familienhilfe in diesem Sinne richtet ihren Blick multiperspektivisch auf die Gesamtfamilie, auf die Eltern- und Paarbeziehung, auf die Eltern-Kind-Beziehung sowie auf die Kinder, Jugendlichen und Erwachsenen als einzelne Personen.

Das heißt, der Gegenstand der pädagogischen Bemühungen ist die Familie als solche, also das Gefüge wechselseitiger Beziehungen, die durch eine Generationengrenze und durch zentrale Aufgabenerfüllungen bzw. Funktionen charakterisiert ist. Insofern muss der Lernbedarf zunächst bei der Gesamtfamilie verortet werden. Ein erzieherischer Bedarf entsteht also dadurch, dass es der Familie, auf den unterschiedlichen Ebenen, nicht gelingt, eine familiale Erziehung zu realisieren, die dem Kindeswohl zuträglich und damit entwicklungsförderlich ist. Von Bedeutung ist hierbei, dass zwar die Eltern hauptsächlich als Garanten einer gelingenden Familienerziehung aufgefasst werden, die pädagogischen Bemühungen sich aber genauso sowohl an die einzelnen Kinder, an die Geschwisterbeziehung, an die erwachsenen Einzelpersonen als auch an die Paarbeziehung richten. Darüber hinaus spricht die Sozialpädagogische Familienhilfe die Eltern und die Kinder auch als Funktionsträger an, was nichts anderes heißt, dass nicht überwiegend die subjektive und intersubjektive Befindlichkeit thematisiert wird, sondern insbesondere auch die familialen und gesellschaftlichen Verpflichtungen, denen die Familienmitglieder nachkommen müssen. Hieraus ergibt sich mit Hinblick auf den Lernbedarf ein vielfältiges Bild, das eine Herausforderung für die pädagogische Diagnostik darstellt. Die pädagogischen Bemühungen der Sozialpädagogischen Familienhilfe haben nicht selten übenden, informativen und beratenden Charakter, und das auf den unterschiedlichsten Ebenen. Für die Pädagogen bedeutet dies deswegen eine hohe fachliche Herausforderung, weil ihre Zeigekompetenz fast gleichzeitig mit Hinblick auf Können-, Wissen- und Leben-Lernen gefragt ist. So kann mit der Mutter geübt werden, wie ein vollwertiges Mittagessen zubereitet werden kann. Und auch der Einkauf der Zutaten erfordert auch ein gewisses Wissen über die Zutaten und über die Möglichkeiten, diese Zutaten günstig zu erwerben. Während dann mit der Familie gekocht wird – und das heißt auch der Pädagoge kocht mit –, ergeben sich nicht selten Fragestellungen, die sowohl den Bereich des Wissens als auch den der Lebensführung betreffen. Ostensives Zeigen, also das gemeinsame Tun mit der Familie oder mit Teilen der Familie, wechselt sich dann mit repräsentativem, also mit Information und Unterrichtung, und direktivem Zeigen, das dann eher eine Aufforderung zur Selbsttätigkeit darstellt, ab. Und es ist dann zentrale Aufgabe des Pädagogen, die Lernbedarfe sowohl zu verstehen als auch seine zeigenden Bemühungen hierauf auszurichten. Das kann aber unter Umständen auch bedeuten, dass mit der Familie überhaupt erst einmal die unterschiedlichen Bedarfe erhoben und geordnet werden müssen, um diesen dann entsprechend begegnen zu können. Gelingt solch eine Ordnung, die nicht selten auch eine Priorisierung enthält, nicht, drohen die erzieherischen Bemühungen ins Leere zu laufen. Obwohl der Fokus der Sozialpädagogischen Familienhilfe auf der Gesamtfamilie ruht, muss eine Priorisierung der Lernbedarfe in dem Sinne vorgenommen werden, dass zuerst die Problembereiche thematisch werden, von denen eine erhöhte Kindeswohlgefährdung ausgeht. So kann es zwar sein, dass das Kind deutliche Unterstützung bei der Anfertigung seiner Hausaufgaben braucht, doch muss vielleicht zunächst vordringlich die gesundheitliche Versorgung des Kindes sichergestellt werden.

Was die Art und den Umfang der Kindeswohlgefährdung anbelangt, so kann festgehalten werden, dass Sozialpädagogische Familienhilfe zumeist dann eingesetzt werden sollte, wenn sich zwar durch die mangelhafte Funktionsfähigkeit der Familie eine deutliche Kindeswohlgefährdung abzeichnet und auch schon besteht, aus der prognostischen Einschätzung aber abzuleiten ist, dass eine Intervention in der Familie Erfolg versprechend ist, die Gefährdung des Kindeswohls also durch eine intensive ambulante familienbezogene Maßnahme abgewendet werden kann. Dies gilt es pädagogisch zu begründen.

Praxisbeispiel

Familie Ring erhält seit sechs Monaten in einem Umfang von wöchentlich zehn Fachleistungsstunden SPFH. Die 42-jährige Frau Ring hat die Familie lange Zeit durch einen Nebenerwerb „über Wasser" gehalten. Ihr 45-jähriger Mann, gelernter Elektriker, habe seit seiner Jugend ein Alkoholproblem, das immer wieder dazu geführt hat, dass er seine Arbeit, obwohl er hier ein ausgewiesener Fachmann sei, verloren habe. Er sei zwar nie wirklich betrunken auf der Arbeit erschienen, habe aber häufig aufgrund von ausgedehnten Sauftouren „blau gemacht". Aufgrund seiner Qualifikation sei es ihm zwar zunächst immer wieder leicht gefallen, einen neuen Job zu bekommen, seit 2,5 Jahren allerdings habe er keine Arbeit mehr bekommen und lebe nun von Arbeitslosengeld II. Die bisherigen Reintegrationsmaßnahmen der Agentur für Arbeit sind alle an seiner mangelnden Motivation und an den zunehmenden Alkoholexzessen gescheitert. Durch den Erwerb einer Eigentumswohnung befindet sich die Familie auch noch in hohen finanziellen Verpflichtungen. Darüber hinaus sind durch die Anschaffung diverser elektronischer Geräte Schulden in Höhe von 15 000 Euro bei einem Versandkaufhaus angefallen. Obwohl sich Frau Ring bislang um die drei Kinder, den 15-jährigen Marc, die 13-jährige Susanne und den 8-jährigen Thomas, kümmerte, muss sie nun angesichts der finanziellen Situation einen 400-Euro-Job ergreifen. Herr Ring bleibt zu Hause, ohne sich allerdings um die Kinder und den Haushalt zu kümmern. Dies führt zu einer spannungsreichen Paarbeziehung und Frau Ring denkt auch schon mal an Scheidung. Waren die Kinder bislang eher unauffällig, so gestaltet sich die Situation seit nunmehr 1,5 Jahren etwas bedenklicher. Marc muss eine Klasse wiederholen und aktuell steht ein Schulwechsel von der Real- in die Hauptschule bevor. Marcs Arbeitsverhalten ähnelt immer mehr dem väterlichen Verhalten zu Hause. Er verweigert in einer passiven Weise jede schulische Anforderung und zieht sich auch mehr und mehr aus seinem Freundeskreis zurück, der an sich stabil und entwicklungsangemessen war. Hinweise, dass Marc auch anfängt, Alkohol zu konsumieren, gibt es, wobei hier hinsichtlich Art und Umfang noch Unklarheit besteht. Der 8-jährige Thomas ist von seiner Grundschullehrerin zur Förderschulüberprüfung angemeldet worden. Er sei völlig rastlos und ließe sich überhaupt nicht mehr steuern, so die Lehrerin. Zu Beginn der Schule war zwar eine gewisse Unruhe bei Thomas feststellbar gewesen, doch habe die sich, so die Meinung der Lehrerin, zu einer massiven Hyperaktivitäts- und Aufmerksamkeitsdefizitproblematik entwickelt. Sie werde Thomas nicht mehr „Herr". Darüber hinaus leide Thomas seit fast fünf Monaten an einem Hautausschlag, der ihn sehr stark jucke und dann zu blutigen Stellen am Körper führe. Bislang war es weder dem Vater noch der Mutter gelungen, einen Hautarzttermin zu vereinbaren. Susanne, das mittlere Kind, zeige bislang keine größeren Auffälligkeiten, was auch daran liegt, dass sie fast nie zu Hause ist und sich überwiegend bei ihrer besten Freundin und deren Familie aufhalte. Sie käme oft sehr spät nach Hause und ginge dann gleich in ihr Zimmer.

Frau Jung, die sozialpädagogische Familienhelferin, versuchte zunächst mit der Familie zu besprechen, was ihnen denn in der jetzigen Situation am meisten helfen würde und kontrastierte die Wünsche mit den realen Gegebenheiten, um so den tatsächlichen erzieherischen Bedarf ermitteln zu können. In dieser Situation hatte Frau Jung die Funktion eines Fallmanagers. Vieles wurde zwar von der Familie angesprochen, noch schien es so, als bliebe es dabei und als könne die Familie nicht aus eigener Kraft ihre Situation verändern. In diesem Sinne konnte auch die Kindeswohlgefährdung als akut eingestuft werden und der Verbleib der Kinder in der Familie war mehr als fraglich. Zentral zu bearbeiten war die Alkoholproblematik des Vaters, die Paarbeziehung, die sich massiv auf die Elternschaft auswirkte, und die Situation von Marc und Thomas, wobei deutlich hervorgehoben werden muss, dass sich Frau Jung auch sehr um Susanne sorgte, insbesondere auch deswegen, weil selbst die Eltern über ihr Kind nicht mehr Bescheid wussten. Hinsichtlich der Alkoholproblematik konnte ein Termin mit einer Suchtberatungsstelle vereinbart und Herr Ring von der Notwendigkeit des Wahrnehmens des Termins überzeugt werden. Hinsichtlich der Paarbeziehung bot Frau Jung den Eheleuten an, dass sie sich einmal regelmäßig in der Woche zu gemeinsamen Paargesprächen zusammensetzen könnten. Die Paargespräche wurden durch gemeinsame Familiengespräche alle vierzehn Tage ergänzt, um auch den gemeinsamen Austausch und das familiale Miteinander zu fördern, denn es musste der Familie wieder gelingen, eine gemeinsame Form zu realisieren, durch die die Bedürfnisse, insbesondere der Kinder, potenziell erfüllt werden können. Parallel fanden Gespräche mit der Grundschullehrerin und einem Kinder- und Jugendpsychiater statt, der in Thomas' Verhalten eine Reaktion auf eine lang andauernde belastende Situation feststellte und eine ADHS-Problematik ausschloss. Eingeleitet werden konnte eine psychotherapeutische Behandlung mit intensiven Elterngesprächen. Marcs Situation verschlechterte sich trotz der pädagogischen Bemühungen immer mehr. Zur Schule ging er nun überhaupt nicht mehr und ein erhöhter täglicher Alkoholkonsum konnten nun als gesichert festgestellt werden. Vor dem Hintergrund der sich verschlechternden Situation wurde Marc eine Unterbringung in einer außengeleiteten Wohngruppe für Jugendliche angeboten. Nach anfänglichem Zögern schaute er sich die Einrichtung an und kam zu dem Schluss, dass das ja wie eine WG sei. Das wolle er gerne machen. Susanne hingegen fasste immer mehr Vertrauen zu Frau Jung und es entwickelte sich so eine stabile Beziehung, die im Grunde jugendberaterischen Charakter hatte. So gingen die beiden häufig spazieren und Susanne sprach über ihre Sorgen und Nöte, aber auch über ihre Wünsche und Hoffnungen. Nach einer ersten Stabilisierung des Familiensystems konnten dann auch die Themen Schule und Arbeitssituation in den Blick genommen werden.

Die pädagogische Arbeit im Rahmen der Sozialpädagogischen Familienhilfe gleicht – bildlich gesprochen – dem Jonglieren mit mehr als drei Bällen. Das, was beim Jonglieren relevant ist, ist die Fähigkeit, sowohl das ganze System von fliegenden Bällen als auch einzelne Bälle im Auge behalten zu können. Das funktionale Steuern dieses Systems unter Berücksichtigung der einzelnen Elemente, die prinzipiell, spielen sie zusammen, zusätzlich eine eigenständige Dynamik entfalten, erfordert den Einsatz unterschiedlichster Formen pädagogischen Handelns und zwar in der Art und Weise, dass die erzieherischen Bemühungen nicht nur auf das isolierte Individuum abheben, sondern gleichermaßen auch die Gesamt- und die unterschiedlichsten Teilfamilien mit deren relevanten Umwelten im Blick haben.

4.2.5 Erziehung in einer Tagesgruppe

Verweist die intensive SPFH schon auf einen deutlichen erzieherischen Bedarf, der den Verbleib der Kinder in der Familie in Frage stellt, so wird die Erziehung in einer Tagesgruppe als erzieherische Hilfe dann relevant, wenn die pädagogische Förderung der Kinder und der Eltern im gesamtfamilialen Verband nicht mehr ausreicht, um eine Kindeswohlgefährdung abzuwenden. Zwar wird immer noch versucht, den Verbleib der Kinder bei den Eltern zu ermöglichen, doch gelingt dies nur über eine partielle und temporäre Trennung der Kinder von den Eltern. Die Erziehung in einer Tagesgruppe bedeutet, dass zentrale elterliche Funktionen nun durch professionelle Pädagogen geleistet werden. Die Kinder werden üblicherweise morgens von zu Hause abgeholt und entweder gleich in die Schule oder erst einmal in die Tagesgruppe gebracht, in der dann auch gefrühstückt werden kann. Nach der Schule gibt es in der Tagesgruppe ein Mittagessen, die Hausaufgaben werden gemacht und auch die Freizeit gestaltet. Gegen Abend kommen die Kinder wieder nach Hause und übernachten dort. Mit Hinblick auf die Art und den Umfang der Kindeswohlgefährdung, die eine Erziehung in einer Tagesgruppe nötig macht, kann festgehalten werden, dass es den Eltern – aktuell zumindest – alleine nicht mehr gelingt, eine Erziehung zu realisieren, die dem Kind nicht schadet. Durch die teilstationäre kompensatorische Erziehung durch die Tagesgruppe soll versucht werden, durch Förderung des Kindes und durch intensive Elternarbeit, die Beratung, Information und konkrete Verhaltensänderung mit einschließt, das Kind im Familienverbund zu belassen.

Das pädagogische Handeln orientiert sich hauptsächlich an der stellvertretenden Realisierung der elterlichen und familialen Funktionen, hat also starken Fürsorgecharakter, ohne aber in Konkurrenz zu den Eltern zu treten. Denn im Grunde geht es um vollständige Rückführung des Kindes in die Familie. Gleichwohl werden Themen der Schulerziehung ebenso relevant. Und der Pädagoge hat dann auch die Funktion der Führung der Kinder – selbstverständlich vor dem Hintergrund der (professionellen) Fürsorgeverpflichtung. Insofern haben die erzieherischen Bemühungen überwiegend den Charakter von Familienerziehung und die konkrete Erziehungspraxis orientiert sich an den Themen, die sich hieraus ergeben.

Praxisbeispiel

Markus ist sieben Jahre alt, geht in die erste Klasse und wird seit Schulbeginn in einer Tagesgruppe betreut. Markus ist das einzige Kind seiner Eltern. Herr Fritz, der Vater, sei chronisch krank. Er leide unter dem chronischen Erschöpfungssyndrom, dessen Existenz in der medizinisch-psychologischen Fachwelt heftig umstritten ist. Gleichwohl, Herr Fritz ist mit seinen 39 Jahren nun seit zwei Jahren schon berentet, weil es ihm nicht gelingt, am Arbeitsleben in irgendeiner Form zu partizipieren. Herr Fritz könne sich gerade mal ca. 45 Minuten am Stück konzentrieren. Zu Hause ruhe er sich zumeist aus und liege in einem eigenen Zimmer, weil er auch sehr geräuschempfindlich sei. Die eingeschränkte Beteiligung an Pflichten im Haushalt würde ihm gelingen. Frau Fritz, die 27-jährige Mutter, leide unter depressiven Episoden, die zwar medikamentös behandelt werden und diese Behandlung auch eine Verbesserung und Stabilisierung der Situation herbei führe, doch sei nie klar vorherzusehen, wann wieder eine depressive Episode aktuell sein werde. Frau Fritz habe eine Anstellung als Reinigungskraft bei einem kirchlichen Träger, der Frau Fritz auch in schwierigen Zeiten unterstützt. Insgesamt gelingt es der Familie mehr oder weniger gut, den anfallenden Verpflichtungen und Anforderungen nachzukommen. Dies ging auch immer deswegen, weil die Kindergartenzeit von Markus bislang nicht verpflichtend war und Markus dann öfter mal zu Hause geblieben war, wenn es den Eltern schlecht ging und diese sich nicht motivieren konnten, aufzustehen und den Tag in Angriff zu nehmen. Mit Beginn der Schule und der Schulpflicht verschärfte sich die Situation. Frau Fritz konnte sich aber einem Mitarbeiter aus der Abteilung Jugendhilfe des kirchlichen Arbeitgebers anvertrauen, der dann, nach gemeinsamer gründlicher Überlegung, eine Erziehung in einer Tagesgruppe auf den Weg brachte. Markus wird morgens von einem Fahrdienst abgeholt und kann dann in der Tagesgruppe auch frühstücken. Von dort aus geht es in die Schule. Von Bedeutung ist, dass sich die Pädagogen auch darum kümmern, dass Markus auch fertig angezogen ist, wenn er abgeholt wird. Dies geschieht zumeist über telefonische Kontakte und über intensive Elternarbeit, die zum Ziel hat, die Eltern in den Stand zu versetzen, die täglich anfallenden Dinge so zu regeln, dass sie zur Routine werden. Und hier sind nicht nur das Wecken und Aufstehen zu nennen, sondern auch das Abendbrot und das Zubettgehen. Da die Bindung zwischen Eltern und Kind als gut bezeichnet werden kann, konnten die Eltern im Laufe der Zeit die Morgen- und die Abendstunden als ihre Zeit mit dem Kind nutzen. Diese Zeit war überschaubar und handhabbar, so dass keine Stressoren für die Eltern aufkamen und diese sich dann in der Zeit dem Kind zuwenden konnten. Alle genossen diese Zeit, und Markus profitierte deutlich von der Tagesstruktur im Rahmen der erzieherischen Hilfe. Neben dem klaren Tagesablauf – man kann hier auch mit Fug und Recht sagen: Alltag als Erziehung – und der pädagogischen und pädagogisch-therapeutischen Angebote der Tagesgruppe, kann der aufgenommenen kinderpsychotherapeutischen Behandlung große Bedeutung zugesprochen werden. Die Kombination der pädagogischen Angebote auf den unterschiedlichen Ebenen – hierzu gehören auch regelmäßige Elterngruppengespräche und Familiengespräche – führt im Grunde dazu, dass sich Markus die notwendigen (Lern-) Themen aneignen konnte, die ihm seine Eltern nicht zeigen konnten. Und gleichwohl konnte die liebevolle Beziehung zu den Eltern und auch umgekehrt aufrecht und darüber hinaus auch beschützt werden. Prognostisch gilt zu fragen, ob Markus in einem späteren Entwicklungsalter wieder ganz zu den Eltern zurückkehren kann. Dies wird davon abhängig sein, ob er zum einen zunehmend mehr in die Lage versetzt werden kann, seine Angelegenheiten – natürlich dem kindlichen Entwicklungsstand angemessen – selbst in die Hand zu nehmen. Und zum anderen muss verhindert werden, dass die sich erweiternde Lebenskompetenz von Markus nicht missbräuchlich von den Eltern verwendet wird. Dass also Markus nun die Angelegenheiten der Eltern regeln soll.

In diesem Sinne aktivieren und realisieren Tagesgruppen das Zusammenspiel von Fürsorge und Führung und übernehmen damit partiell elterliche Funktionen für die Kinder. Und doch richtet sich die Erziehung in einer Tagesgruppe gleichermaßen an die Eltern, um diese in ihrer Funktion zu stärken. Tagesgruppenerziehung leistet demnach in hohem Maße auch Hilfe zur Selbsterziehung der Eltern.

4.2.6 Vollzeitpflege

Erziehungshilfe im Rahmen einer Vollzeitpflege meint eine befristete oder auf Dauer angelegte Erziehung in einer Pflegefamilie. An dieser Stelle wird die Hierarchisierung der erzieherischen Hilfen mit Hinblick auf die Intensität und das Ausmaß ihres Eingriffscharakters deutlich. Mit der Vollzeitpflege als erzieherische Hilfe ist ein Niveau der Kindeswohlgefährdung erreicht, das – zumindest aktuell – den Verbleib des Kindes in der Familie verunmöglicht. Insofern kommt es auch nicht selten vor, dass eine Vollzeitpflege mit einer Inobhutnahme beginnt, das Kind also – zumeist gegen den Willen der Eltern – aus der Herkunftsfamilie heraus genommen und in Obhut einer Pflegefamilie gegeben wird. Die Art und der Umfang der Kindeswohlgefährdung sind so massiv, dass das Kind akut in seelischer, geistiger und körperlicher Hinsicht gefährdet ist.

Vollzeitpflege als erzieherische Hilfe orientiert sich von allen „Hilfen zur Erziehung" am deutlichsten und bewusst intendiert am Familienmodell. Es geht hierbei um die Nachbildung der Familienerziehung, wobei dies nicht nur im Sinne professioneller Pädagogik als kompensatorische Nacherziehung verstanden werden muss, sondern als faktische Familienerziehung, die an die Stelle der Erziehung durch die Herkunftsfamilie tritt. Das heißt auch, dass die beteiligten Personen von Seiten der Pflegefamilie „tatsächliche" Eltern und die weiteren Kindern der Familie „tatsächliche" Geschwister sind. Eine „professionelle" Erziehung wird hier bewusst vermieden, da für die betroffenen Kinder mit Hinblick auf deren Entwicklung eine „natürliche" Familienerziehung von Nöten ist. Selbstverständlich bringen die Pflegeeltern zumeist von ihrem beruflichen Hintergrund her eine spezielle Kompetenz mit. Und die Pflegeeltern werden auch supervisorisch begleitet und fachlich unterstützt, doch ist es aber gerade der an die Naturwüchsigkeit der Familienerziehung orientierte Charakter der Vollzeitpflege, der die Wirksamkeit dieser erzieherischen Hilfe ausmacht. In diesem Sinne soll eine Erziehung realisiert werden, die sich mit ihren Themen, Sachverhalten und Situationen nicht von einer üblichen Familienerziehung unterscheidet (vgl. 3.4). Berücksichtigt werden müssen allerdings die Erfahrungen des Kindes aus seiner Herkunftsfamilie, die die üblichen Lern- und Entwicklungsaufgaben deutlich beeinflussen. Das Lernen der Themen der Familienerziehung in der Vollzeitpflege ist zumeist Lernen unter erschwerten Bedingungen.

Die Entscheidung für eine Vollzeitpflege als angemessene erzieherische Hilfe hängt von der Einschätzung des erzieherischen Bedarfs ab. Und dieser zeigt zumeist eine eklatante Verletzung der Fürsorgeverpflichtung der Eltern an ihren zumeist kleineren Kindern. Das heißt auch, Vollzeitpflege eignet sich dann als am besten, wenn die Themen des erzieherischen Bedarfs überwiegend auf die früh- und kleinkindliche Entwicklung hinweisen. Bei Schulkindern zum Beispiel gilt es zu prüfen, ob nicht eine Heimerziehung das erzieherische Mittel der Wahl wäre.

Darüber hinaus gilt es auch einzuschätzen, ob die Vollzeitpflege eine auf Dauer angelegte Lebensform darstellt, oder ob nicht auch an eine Rückführung des Kindes zu denken ist, wenn es den Eltern gelingt, deutlich zu machen, dass die massive Kindeswohlgefährdung, die zur Inobhutnahme und zur Vollzeitpflege geführt hat, einmalig war und in einer Situation begründet war, die so nicht mehr auftritt.

In diesem Sinne muss auch der erzieherische Bedarf als Lernbedarf gelesen werden und die Frage muss beantwortet werden, wer welchen Bedarf hat und ob zum Beispiel das Lernen der Eltern, wenn dies möglich ist, die Kindeswohlgefährdung aufheben könnte. Im Rahmen einer Vollzeitpflege kann aber erfahrungsgemäß davon ausgegangen werden, dass bei den Eltern im Grunde eine *auf die Elternschaft bezogene Lernbehinderung* vorliegt, die ein Weiterlernen in dem Sinne verunmöglicht, dass das Kind wieder von den leiblichen Eltern fürsorglich erzogen werden kann. Das heißt, der pädagogische Blick fokussiert sich deutlich mehr auf die Bedürfnisse des Kindes unter begründeter Vernachlässigung der elterlichen Bedürfnisse.

Exkurs: Elternschaft in pädagogischer Sicht

Wie anhand der Vollzeitpflege als erzieherische Hilfe erstmals deutlich wird, scheint es Eltern zu geben, die nicht in der Lage sind, ihre elterlichen Funktionen angemessen zum Wohle ihres Kindes zu übernehmen und auszuüben. Das bedeutet letztlich, dass man eigentlich nur dann sinnvoller Weise von „Hilfen zur Erziehung" und deren Grundbegriffe sprechen kann, wenn es eine Idee gibt, wie sich Elternschaft bestimmen bzw. verstehen lässt. Denn erst das Zusammenspiel von elternschaftlichen Funktionen und kindlicher Entwicklung ermöglicht eine fundierte Aussage über das Kindeswohl und dessen mögliche Gefährdungsmomente und letztendlich über den erzieherischen Bedarf der Eltern.

Aus pädagogischer Sicht ist *Elternschaft als ein themenbezogenes Ensemble aus intuitivem Wissen, Können und Wollen* aufzufassen. Das heißt zum ersten, Elternschaft bezieht sich auf etwas Drittes, das zum Paar hinzukommt und das vorher nicht da war. Zwar kann man sagen, dass auch – gewollt oder ungewollt – kinderlose Paare sich mit dem Dritten, zum Beispiel auch in Form einer bewussten Entscheidung gegen ein Kind oder in Form von Trauer über die ungewollte Kinderlosigkeit, auseinandersetzen oder auseinandergesetzt haben, doch spielt mit Hinblick auf das Kindeswohl das reale Kind eine wesentlich bedeutendere Rolle als das nicht vorhandene, aber imaginierte Kind. In diesem Sinne bedeutet Elternschaft erstens personale Erweiterung des Paares zur Familie, zweitens die Erweiterung des Liebespaares um die Dimension des Elternpaares und drittens schließlich eine notwendige Aufmerksamkeitsfokussierung auf das Kind und dessen Bedürfnisse unter temporärer und partieller Zurücknahme der individuellen Bedürfnisse und denen des Liebespaares. Das bedeutet nichts anderes, als dass durch das Hinzutreten des Kindes sich die individuelle und die (liebes-)paarbezogene Welt unwiederbringlich verändert. Es ist dann nichts mehr so, wie es vorher war. Dies ist auch nicht weiter zu bedauern, denn ein Kind wird zumeist als Gabe oder als Geschenk (Fertsch-Röver, 2007) empfunden, und der Transformationsprozess läuft auch eher langsam und in der Latenz ab, so dass die Eltern die Möglichkeit haben, sich an die stattgefundenen und noch stattfindenden Veränderungen anzupassen. Zum zweiten impliziert das pädagogische Verständnis von Elternschaft, dass es um spezifisches Können, Wissen und auch um Haltungen geht, die sich eben aus der Notwendigkeit ergeben, dass ein Kind auf die Welt gekommen und zum Paar hinzugetreten ist. Hier werden Themen relevant, die sich dem Paar vorher in lebenspraktischer Perspektive so noch nicht gestellt haben. In diesem Sinne kann *Elternschaft als ein Lernprozess* verstanden werden. Das Paar, die Mutter und der Vater müssen sich Themen lernend aneignen, die sich ihnen so bisher noch nicht dargestellt haben. Ganz bewusst werden ja zum Beispiel die Geburtsvorbereitungskurse von werdenden Eltern in Anspruch genommen. In guten Kursen müssen aus pädagogischer Sicht alle drei Lernbereiche irgendwie mal thematisch werden. Sowohl sollten Informationen und Fähigkeiten als auch Themen vermittelt werden, die sich auf die Einstellungen zum Kind und auf die sich verändernde Paarbeziehung beziehen. Sind Geburtsvorbereitungskurse sehr bewusste Lernentscheidungen der werdenden Eltern, so sind viele weitere Lerngelegenheiten weniger formell. Das Gespräch mit den eigenen Eltern, mit Freunden, die bereits Kinder haben, die Lektüre von Büchern etc. sind alles Versuche, das zu lernen, was es zu lernen gilt. Und dabei kommt es weniger darauf an, professioneller Experte in Sachen eigener Elternschaft zu werden, als vielmehr darum, das aus den Erfahrungen Gelernte in eine Haltung übergehen zu lassen, so dass sich der Umgang mit dem Kind routinisiert und nicht permanent eine Reflexion gebraucht oder gar, als besonders gute Eltern, gepflegt wird: Eltern also, die alles reflektieren, alles miteinander und mit dem Kind in vernünftiger Art und Weise und selbstverständlich dem Entwicklungsstand des Kindes angemessen besprechen, die sich weiterbilden, Zeitschriften abonnieren, Elternkurse absolvieren und einiges mehr. Selbstverständlich wollen diese Eltern gute Eltern sein, doch zeichnet sich die elternschaftliche Lebenspraxis durch Handeln aus. Zwar wird dieses Handeln von den oben genannten Lernbereichen getragen, doch in einer eher – und hier kommen wir zum dritten Punkt – intuitiven Art und Weise. Im Grunde geht es darum, dass es den Eltern gelingt, eine *intuitive Elternschaft* zu realisieren und zu leben, die letztendlich in ihrer Ausübung gar nicht auf selbstreflexive Thematisierung angewiesen ist.

Betrachtet man nun also *Elternschaft als einen fortwährenden Lernprozess*, dann verwundert es nicht, wenn sich auch bei diesem Prozess Lernstörungen einstellen. In pädagogischer Hinsicht ist aber zu unterscheiden in Lernstörungen, die auf eine Lern*hemmung* hinweisen, und in Lernstörungen, die eine Lern*behinderung* darstellen. Die auf die Elternschaft bezogenen Lernhemmungen tragen die Möglichkeit in sich, mit Hilfe von angemessenen Lernhilfen überwunden werden zu können. Die auf die Elternschaft bezogenen Lernbehinderungen charakterisieren sich hingegen dadurch, dass sie prinzipiell nicht überwunden werden können, die Lernbehinderung bleibt also bestehen und die Eltern sind auf eigene Unterstützung im Sinne der Entwicklung ihrer Kinder überdauernd angewiesen. Mit Hinblick auf die „Hilfen zur Erziehung" muss bei auf die Elternschaft bezogenen Lernbehinderungen weitergehend differenziert werden. So gilt es festzustellen, ob die Eltern, bei denen von einer elternschaftlichen Lernbehinderung ausgegangen werden kann, mitwirkungsbereit sind oder eben nicht. So wissen einerseits viele Eltern um ihre (bleibende) Einschränkung im Hinblick auf die Erziehung ihrer Kinder und nehmen vor diesem Hintergrund bewusst Hilfe und Unterstützung in Anspruch. Andererseits lassen sich auch nicht selten Eltern finden, die ihre Einschränkungen (aus unterschiedlichen Gründen) nicht anerkennen und entsprechend auch keine dem Kindeswohl angemessenen Schlüsse und Konsequenzen ziehen. Hier besteht die Möglichkeit, mit den Eltern einsichtsorientiert pädagogisch zu arbeiten, in der Hoffnung, die betreffenden Eltern zur Inanspruchnahme erzieherischer Hilfen zu bewegen. Wo dies nicht erfolgversprechend ist, erscheint ein Verbleib des Kindes in der Familie bei drohender Kindeswohlgefährdung als nicht möglich. Doch auch im Falle von Eltern, die sich helfen lassen wollen, kann es sein, dass die elterlichen Ressourcen auch mit Unterstützung erzieherischer Hilfen nicht ausreichen, das Kind in der Familie zu belassen.

Wenn dem so ist, dass man Elternschaft als einen Lernprozess auffassen kann, in dessen Verlauf auch Störungen auftreten oder sogar Behinderung sichtbar werden, dann ergibt sich nun die Möglichkeit, unter Zugrundelegung der unter Punkt 3 explizierten Erziehungsbegriffe, der pädagogischen Ausführungen zum Kindeswohl unter Punkt 4.1 und der Gedanken zur Elternschaft aus pädagogischer Sicht (s. o.), Überlegungen zu einer pädagogischen Auffassung elterlicher Erziehung anzustellen. Berücksichtigt man die Definitionen von Schleiermacher (1959) und von Brezinka (1978), dann kann man zur folgenden pädagogischen Definition elterlicher Erziehung kommen: Elterliche Erziehung „bezeichnet speziell solche zumeist von tiefen Gefühlen getragenen Handlungen von Eltern, die diese in der Absicht vollziehen, die psychischen Dispositionen und die psychische Entwicklung ihres Kindes dauerhaft und in einer Weise zu fördern, dass dem Kind stets die Möglichkeit erschlossen bleibt, Erfahrungen als autonomes und zugleich bezogenes Wesen zu machen und zu integrieren" (Jacob & Wahlen, 2006, S. 25)

Praxisbeispiel

> Die 3,5-jährige *Pia* zeigte im Kindergarten immer wieder Hämatome an den Armen und an den Beinen. Da Pia noch nicht trocken war, mussten die Erzieherinnen dem Kind auch immer wieder mal die Windeln wechseln und waren erstaunt über die Hämatome, die sich irgendwie nicht zurückbildeten oder aber durch neue ersetzt wurden. Frau Platz, eine Erzieherin, die gerade ihr Anerkennungsjahr abgeschlossen und zu der Pia, die sonst eher zurückhaltend und ängstlich wirkte, Vertrauen gefasst hatte, fiel eines Tages die Form der Hämatome auf: So, als werde das Kind an Armen und Beinen sehr fest angepackt. Die vorsichtigen Hinweise der Erzieherin an den Vater, der Pia immer vom Kindergarten abholte, wurde mit dem Verweis auf Auseinandersetzungen zwischen Pia und ihrem drei Jahre älteren Bruder abgetan. Als Pia dann aber mit einem Verband am Arm in den Kindergarten kam und vom Vater nicht deutlich vermittelt werden konnte, dass das Kind beim Arzt gewesen war, besprachen sich die Erzieherinnen mit einer Kollegin aus einer Erziehungsberatungsstelle und kamen zu dem begründeten Ergebnis, dass hier eine massive Kindeswohlgefährdung vorliegen könnte und man diesem Eindruck nachgehen müsse. Der Anruf beim zuständigen Jugendamt alarmierte den dortigen Sozialarbeiter, da er die Familie schon ein paar mal aufgrund von Anrufen aus der Nachbarschaft besucht habe, eine Kindeswohlgefährdung aber nicht offensichtlich war. Dies könnte auch daran gelegen haben, dass er seine Besuche immer angekündigt habe. Aus Sicht des Sozialarbeiters sei nun handeln geboten. Verabredet wurde, dass Pia vom Kindergarten direkt zunächst in die

Obhut einer Pflegefamilie gegeben werden sollte. Die Eltern sollten dann parallel in einem Gespräch mit den Vorwürfen konfrontiert werden. Dieses Gespräch fand statt und die Eltern machten, nach anfänglicher Empörung, keine weiteren Versuche zu leugnen und ihr Verhalten zu rechtfertigen. Beide Eltern hätten ihre Kinder immer wieder geschlagen und sie an Armen und Beinen fest geschüttelt, weil diese einfach nicht hören wollten und nur Ärger machten. Die Kinder hätten, so die Eltern, das Leben nur gestört und eigentlich sei es gut, dass sie nun weg seien. Dass auf die Eltern nun ein Strafverfahren zukommen würde, hatten sie zwar gehört, doch nicht wirklich zur Kenntnis genommen. Pia und ihr Bruder wurden von einer Pflegefamilie aufgenommen, die zwei Kinder im Jugendalter hatten. Dort konnte ihnen ein von Fürsorge und Zuwendung getragener Rahmen zur Verfügung gestellt werden, den die Kinder und auch die Pflegeeltern und Pflegegeschwister für sich nutzen konnten. Pia und ihr Bruder konnten zum ersten Mal die Erfahrung machen, was es heißt, angenommen und geliebt zu werden und vor diesem Hintergrund auch die (entwicklungs-)notwendigen Auseinandersetzungen zu führen. Und auch die Familie erlebte die Kinder, die nach Klärung durch das Familiengericht weiterhin bei den Pflegeeltern wohnen würden, als eine enorme Bereicherung.

Erziehung in Vollzeitpflege ist, auch wenn sie doch eine Form institutioneller Erziehung darstellt, im Grunde Familienerziehung. Und das bedeutet, dass das familiale Beziehungsgefüge, zu dem dann auch das Pflegekind gehört bzw. die Pflegekinder gehören, ausschließlich diffusen Charakter hat. Diffuse Sozialbeziehungen, die im familialen und partnerschaftlichen Zusammensein vorkommen, zeichnen sich, im Gegensatz zu spezifischen Sozialbeziehungen, wie zum Beispiel Verkäufer-Kunden-Beziehungen, durch uneingeschränkte Kommunikation aus, in der prinzipiell alle Themen besprechbar sind. Ausschlüsse aus der Kommunikation sind legitimationsbedürftig und ergeben sich strukturell eher aus der Differenz von Gatten- und Eltern-Kind-Beziehung. Und es ist gerade diese bewusst hergestellte Diffusität der Familie, die für das Kind heilende Wirkung hat.

4.2.7 Heimerziehung, sonstige betreute Wohnform

Verweisen die bisherigen „Hilfen zur Erziehung" im Grunde auf ein klar umrissenes Feld, so kann mit Hinblick auf die Heimerziehung gesagt werden, dass es *die* Heimerziehung nicht (mehr) gibt. Konnte im Rahmen des Jugendwohlfahrtsgesetzes noch davon ausgegangen werden, dass der Begriff Heimerziehung eindeutig war, so weist heute der Zusatz „sonstige betreute Wohnform" auf eine enorme Ausdifferenzierung der erzieherischen Hilfe hin.

Das, was aller Differenzierung gemeinsam ist, ist die Tatsache, dass die Kinder und Jugendlichen aufgrund einer Gefährdung ihres Wohls nicht in ihrer Herkunftsfamilie verbleiben können. Zwar bietet das Kinder- und Jugendhilfegesetz auch bei dieser Form der erzieherischen Hilfe die Möglichkeit, diese entweder als eine auf Dauer angelegte oder aber als eine vorübergehende Lebensform auszugestalten, doch weist die Erfahrung eher darauf hin, dass sich eine Rückführung des Kindes in die Herkunftsfamilie dann als äußerst schwierig erweist, wenn die (oben bereits ausgeführte) auf die Elternschaft bezogene Lernbehinderung stark ausgeprägt und davon auszugehen ist, dass die Eltern mit Hinblick auf die Ausübung ihrer Elternschaft immer auf Unterstützung und Hilfe angewiesen sind. Kann eine Weiterentwicklung der Eltern mit Hinblick auf die Ausübung ihrer Elternschaft zum Wohle des Kindes prognostisch nicht in Aussicht gestellt werden, dann erscheint der Verbleib der Kinder in Obhut der Kinder- und Jugendhilfe als sehr wahrscheinlich. Ähnlich der Vollzeitpflege muss hier ausdrücklich von den (Lern- und Entwicklungs-)Bedürfnissen der Kinder und Jugendlichen ausgegangen werden. Zwar kann – aufgrund der Ausdifferenzierung der erzieherischen Hilfe ist dies möglich geworden – der Fokus der erzieherischen Bemühungen nie die Herkunftsfamilie außer Acht lassen, doch ist es an den Eltern, sich in dem Maße weiter zu entwickeln, dass sie eine Erziehung realisieren können, die dem Wohl ihrer Kinder zuträglich ist. Und eine Entscheidung für eine Heimerziehung oder eine sonstige betreute Wohnform impliziert zunächst, dass dies den Eltern nicht möglich ist. Zu fragen wäre dann aber auch hier, ob solch eine Entwicklung potenziell möglich ist. Vor diesem Hintergrund orientieren sich die zeigenderzieherischen Bemühungen an der Situation, dem Lernstand und an den Entwicklungsaufgaben des Kindes bzw. des Jugendlichen.

Heimerziehung ist professionell-institutionelle Erziehung. Das heißt, die den erzieherischen Bedarf erhebenden Fachkräfte gehen davon aus, dass es für die Entwicklung des Kindes und Jugendlichen förderlich ist, nicht unbedingt eine naturwüchsige Familienerziehung nachzubilden, sondern eine Erziehung, die um die institutionellen Elemente der Führung erweitert ist (vgl. 3.4–3.5). Heimerziehung nimmt den kompletten Bereich der Familien- und Schulerziehung in den Blick und will die Kinder und Jugendlichen in den Stand versetzen, dass es ihnen später möglich ist, ihr Leben in Eigenverantwortung und gemeinschaftsfähig zu gestalten. Um dieses Ziel zu erreichen, muss das Heim oder die sonstige betreute Wohnform zum Lebensmittelpunkt des jungen Menschen werden. Erst durch die Konstituierung und Aufrechterhaltung eines solchen pädagogischen Feldes wird es möglich, dass sich die zur Anwendung gebrachten Erziehungsmittel wirksam entfalten können. Stationäre erzieherische Hilfe ermöglicht in ausgewiesenem Maße das Arrangement von Lernmöglichkeiten. So werden freizeit- und erlebnispädagogische Lernmöglichkeiten ebenso angeboten wie arbeits- und spielpädagogische Arrangements. Konstitutiv für die Erziehung im und durch das Heim ist darüber hinaus der heilpädagogische Blick. Heimerziehung ist immer Erziehung und Pädagogik unter erschwerenden und erschwerten Bedingungen (Moor, 1962, 1974). Insofern kommt dem heilpädagogischen Denken und Handeln der Pädagogen im Rahmen der Heimerziehung herausragende Bedeutung zu. Zwar kommen auch im Bereich der ambulanten erzieherischen Hilfen und im Rahmen der Vollzeitpflege die komplexen Formen pädagogischen Handelns und das spezifische heilpädagogisches Wissen zum Tragen, doch bieten die stationären Hilfen einen Rahmen, in denen sich die Erziehungsmittel methodisch kontrollierter zur Anwendung bringen lassen.

Um einen Blick auf die unterschiedlichen, pädagogisch begründeten Ausprägungen dieser Hilfeform zu richten, sollen im Folgenden beispielhaft vier Formen kurz vorgestellt und mit Praxisbeispielen veranschaulicht werden.

„Zwischen Heim und Zuhause" – Erziehung in einer Wochengruppe

Zum Kontinuum von ambulanten über teilstationäre bis hin zu stationären Hilfeformen gehört auch die Erziehung in einer Wochengruppe (vgl. z. B. Caritasverband Frankfurt, 2009). Zwar ist diese erzieherische Hilfe als stationäre Hilfe zu verstehen, sie realisiert aber in ausgewiesenem Maße den pädagogischen Ansatz, dass jedwede Hilfe – insbesondere die stationäre Erziehungshilfe – prinzipiell so angelegt sein soll, dass die Option der Rückkehr der Kinder in ihre Herkunftsfamilie offen gehalten wird. Das heißt, Erziehung in einer Wohngruppe ist so konzipiert, dass die Kinder – hier handelt es sich zumeist um Kinder ab dem Grundschulalter – zwischen Sonntagabend und Freitagnachmittag stationär betreut werden. Alle Wochenenden und einen Teil der Ferien verbringen die Kinder zu Hause. Innerhalb der stationären Betreuungszeit werden die üblichen Themen aus den Bereichen Familien- und Schulerziehung relevant. So sind der Erwerb von lebenspraktischen Gewohnheiten und das Einüben von Kulturtechniken ebenso Gegenstand der erzieherischen Bemühungen wie schulisches Lernen und Schulerfolg. Gute heilpädagogisch orientierte Erziehung in einer Wochengruppe bemüht sich um Bereitstellung interner personeller und fachlicher Ressourcen, um den Bedarfen der Kinder und Jugendlichen zu entsprechen. So sind in den entsprechenden heilpädagogischen Einrichtungen nicht selten Psychologen und auch Lehrer beschäftigt. Im Bedarfsfall können dann noch die pädagogischen, heilpädagogischen und psychologischen Bemühungen um externe psychotherapeutische und/oder fachpädagogische Angebote ergänzt werden.

Durch die intensive professionelle Erziehung in einer Gleichaltrigengruppe können die Kinder die Erfahrungen als Lerngelegenheiten nutzen, die sowohl durch die Pädagogen als auch durch die Gruppe initiiert werden. Das Zusammenspiel von sozialem Lernen in und durch die Gleichaltrigengruppe und professioneller Erziehung durch einen bzw. mehrere Pädagogen ermöglicht potenziell intensives Lernen. Darüber hinaus werden diese Elemente durch das Erfahrungsfeld Familie ergänzt. Die Familienerziehung an den Wochenenden und in Teilen der Ferien ist dann auch wieder Thema von pädagogisch-psychologisch angeleiteten Familien- und Elterngesprächen, die entweder als einzelnes Elterngespräch oder aber als Elterngruppengespräch regelmäßig stattfinden. So entsteht ein intensives und hoch wirksames pädagogisches Feld, das alle Bereiche der möglichen Lernbedarfe umfasst und hierauf bezogen Lernmöglichkeiten bereitstellt.

"Hilfen zur Erziehung" in pädagogischer Hinsicht

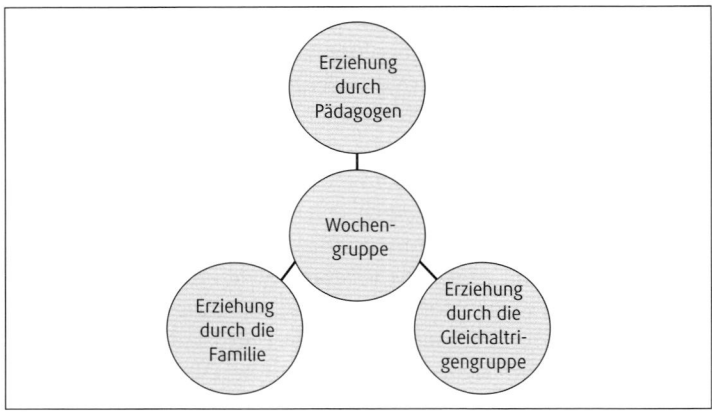

Abb. 14: Das pädagogische Feld der Erziehung in einer Wochengruppe

Praxisbeispiel

Die *Familie Kaleidi* besteht aus der 41-jährigen Mutter und den beiden Kindern Suela, 12 Jahre alt, und Rani, 9 Jahre alt. Die Familie kommt aus Pakistan und lebt seit 8 Jahren in Deutschland. Die Familie gehört einer religiösen Gemeinschaft an, die in Pakistan verboten und entsprechend verfolgt wird. Die Mitglieder der Familie Kaleidi kamen vor 8 Jahren als Flüchtlinge und Asylsuchende nach Deutschland. Die Familie bestand zu dieser Zeit aus vier Personen, da der Vater der Kinder und Ehemann von Frau Kaleidi noch lebte. Trotz eines Bleiberechts kam die Familie in Deutschland nicht besonders gut zurecht und hatte Schwierigkeiten mit der Integration und auch mit der notwendigen Anpassung an die hiesigen Strukturen. Insgesamt spielten sich das familiale und das soziale Leben der Familie gewissermaßen in einer Subkultur ab. Die Familie verbrachte die meiste Zeit bei Menschen, die aus der gleichen Region kamen wie sie. Gleichwohl muss bemerkt werden, dass es diesen Menschen gelungen war, einer Tätigkeit nachzugehen und auch den sozialen und rechtlichen Strukturen zu entsprechen und diese für sich zu nutzen. Familie Kaleidi dagegen blieb regungslos wie in einer Starre. Zu dieser Zeit begann Herr Kaleidi seinen Drogenkonsum, der auch schon in Pakistan erheblich war, deutlich zu steigern, so dass er nach mehreren Zusammenbrüchen letztendlich kollabierte und verstarb. Die Kinder waren zum Zeitpunkt des Todes des Vaters sieben und vier Jahre alt. Von nun an war Frau Kaleidi auf sich alleine gestellt mit dem Management der Familie. Erschwerend kam hinzu, dass mit dem Eintritt von Suela in die Schule Aufgaben von beiden bewältigt werden mussten, die beide überforderten. Nach Gesprächen mit dem Lehrer und der zuständigen Sozialarbeiterin wurden eine Sozialpädagogische Familienhilfe (SPFH) und der Besuch von Rani im Kindergarten vereinbart. Die SPFH wurde drei Jahre lang durchgeführt. In den Hilfeplangesprächen wurden sukzessive die Fachleistungsstunden immer mehr erhöht mit der Hoffnung, so die Familie besser in der Bewältigung ihrer Aufgaben und der Aufarbeitung ihrer Geschichte zu unterstützen. Aus Sicht des Teams – die Familie wurde von einer Sozialpädagogin und einem Sozialpädagogen betreut – konnten in der Zeit keine wirklichen Entwicklungsschritte bei der Mutter dergestalt festgestellt werden, dass sie nun mehr in der Lage wäre, die Kinder so zu versorgen, dass diese ihren schulischen Verpflichtungen und Bedürfnissen nach gleichaltrigen Sozialkontakten nachkommen konnten. Die familiale Situation deutete vielmehr auf eine Parentifizierung der Kinder hin. Und die depressive Grundstimmung von Frau Kaleidi wuchs sich immer mehr zu einer klinisch relevanten Depression aus. So gelang es Frau Kaleidi so gut wie gar nicht mehr, am Morgen aufzustehen und die Kinder mit Frühstück zu versorgen und sie dann in die Schule bzw. in den Kindergarten zu schicken. Auch am Mittag gab es, wenn überhaupt, nur Tütensuppen und gleiches galt für den Abend. Auch wurde die Post nicht mehr geöffnet und die Kinder mussten die Amtsangelegenheiten regeln. Beide Kinder versorgten sich – da sie sich Geld von der Mutter nahmen – notgedrungen mit Fast Food, Chips etc. und entwickelten auf diesem Wege ein behandlungsbedürftiges Übergewicht. Hinzu kam noch eine chronisch verlaufende Erkrankung der Atemwege der Mutter, die medikamentös behandelt werden musste – ob Frau Kaleidi das Medikament auch nahm war nicht gesichert. Der Gefährdung des Kindeswohls konnte durch die SPFH nicht angemessen begegnet werden und die Helferrunde entschied sich für eine Erziehung in einer Wochengruppe. Der Entscheidung zu Grunde gelegt wurde die Feststellung, dass die Beziehung der Kinder zur Mutter als intensiv, die der Mutter zu ihren Kindern aber als weniger intensiv wahrgenommen wurde. Den Kindern sollte ein – auch intensiver – Umgang mit der Mutter ermöglicht und gleichsam ein erzieherisches Umfeld geschaffen werden, das die Kinder bei der Entwicklung ihrer Persönlichkeit und bei der Bewältigung der schulischen und privaten Herausforderungen unterstützt. Die Wochengruppenerziehung konnte beide Ziele realisieren. Durch die überschaubare Gleichaltrigengruppe und die fürsorgliche und führende Erziehung durch die Pädagogen bekamen die Kinder Orientierung und konnten ihre lebenslaufspezifischen Entwicklungsaufgaben angehen. Es bildeten sich rasch Freundschaften und auch die schulischen Leistungen stabilisierten sich auf einem durchschnittlichen Niveau. Das Wochenende verbrachten die Kinder bei der Mutter und konnten so eine realistische Eltern-Kind-Beziehung erproben. Begleitet wurden die Wochenenden durch Familiengespräche und Gespräche mit der Mutter, zu der nun auch gelegentlich ein Übersetzer hinzugezogen wurde. Dass die Mutter für sich ihre Situation klären sollte, liegt auf der Hand. Hier wird sie aber auch von den Pädagogen und Psychologen des Heims unterstützt.

Strukturell gleicht die Erziehung in einer Wochengruppe der Erziehung in einer Tagesgruppe, wenngleich mit einer größeren Intensität, die sich aus dem Grad der Kindeswohlgefährdung ergibt. Der Option der Rückkehr des Kindes zu seinen leiblichen Eltern wird in der Wochengruppenerziehung große Bedeutung zugesprochen und dementsprechend intensiv gestaltet sich auch die Elternarbeit, stets allerdings unter der Maßgabe des Wohles des Kindes, das sich nicht selten vom Willen des Kindes und der Eltern unterscheidet.

„Die Familie wird aufgenommen" – Sozialpädagogische Familienbetreuung (SFB)

Die Sozialpädagogische Familienbetreuung, kurz: SFB, stellt zum einen eine Sonderform der Sozialpädagogischen Familienhilfe (SPFH) und zum anderen eine Alternative zur Heimerziehung dar, denn die Hilfe zur Erziehung wird überwiegend in einer von dem Träger der Maßnahme zur Verfügung gestellten Unterkunft geleistet (vgl. hierzu Caritasverband Frankfurt, 2007). Das heißt nichts anderes, als dass die komplette Familie in trägereigenen Wohnraum aufgenommen und dort bis zu drei Jahren intensiv betreut wird. Charakteristisch für diese innovative Hilfeform ist, dass

- die Familie nicht nur in eine Wohnung, sondern in eine Hausgemeinschaft aufgenommen wird. In einem Haus können bis zu acht Familien wohnen und pädagogisch betreut werden. So entsteht ein erweitertes Lernfeld, das in der Lage ist, Lernprozesse bei den Eltern und den Kindern zu initiieren, die ausschließlich über die pädagogischen Fachkräfte wahrscheinlich so nicht zu Stande kommen würden. Das Lernfeld erweitert sich von Individuum, über das Paar und die Familie hin zur Gruppe beziehungsweise zur Gemeinschaft;
- die Familie sozialarbeiterisch, sozialpädagogisch und pädagogisch-therapeutisch, gewissermaßen aus einer Hand, betreut wird. So wird der Insolvenzantrag genau so vorbereitet und auf den Weg gebracht wie freizeitpädagogische und familien- und elternbildnerische Aktivitäten. Die Planung der Tagesstruktur und die Begleitung und Unterstützung bei der Umsetzung, zum Beispiel beim Kochen, beim Aufräumen der Wohnung etc., nimmt einen ebenso großen Raum ein wie die familientherapeutische Aufarbeitung der Herkunftsfamilie, die gezielte Förderung von Teilleistungsstörungen der Kinder oder die verhaltenstherapeutisch orientierten Elterntrainings.

Die erzieherische Hilfe durch die SFB gewinnt so – und das macht ihre Wirksamkeit aus – einen umfassenden und sehr intensiven Charakter, der sich unter anderem auch darin äußert, dass die für die Familie zuständigen Pädagogen in der Wohnung ein Büro haben, in dem Gespräche stattfinden und das auch als Ort für die administrative Tätigkeit dient. An dieser Stelle wird auch noch einmal der Ernst-Charakter der SFB deutlich, denn das Zimmer repräsentiert die Realität, die darin besteht, dass die Kindeswohlgefährdung so hoch eingeschätzt wird, so dass eine hohe pädagogische Anwesenheit, die sich auch auf eine Rufbereitschaft für die späten Abend- und frühen Morgenstunden erstreckt, für unabdingbar gehalten wird.

Im Grunde gleicht die SFB an vielen Punkten einem Krankenhaus. Aufgrund der Krankheitsbilder, die in einem Krankenhaus behandelt werden, ist eine intensive ärztliche Betreuung angezeigt, die ambulant nicht erbracht werden kann. So auch in der SFB. Hier haben die erzieherischen Probleme der Familie einen Grad erreicht, der es nicht mehr erlaubt, dem erzieherischen Bedarf mit ambulanten Angeboten wirksam zu begegnen. Es bedarf also sowohl einer entsprechenden pädagogischen Organisation, die sich eben auch, oder besser, gerade durch die Wohnungen in einer Hausgemeinschaft und durch die Pädagogenzimmer in den Wohnungen (greift man noch einmal auf den Krankenhausvergleich zurück, dann können die Wohnungen der Hausgemeinschaft mit den Stationen eines Krankenhauses und die Pädagogenzimmer mit den Ärztezimmern auf den Stationen vergleichen werden) auszeichnet. Auch kann die SFB fachpädagogische, pädagogisch-therapeutische und psychologisch-psychotherapeutische Leistungen vorhalten, die angesichts des erzieherischen Bedarfs angemessen und notwendig sind, die sich aber eben nur innerhalb der SFB aufgrund der Organisationsform und der Stellenprofile der Mitarbeiter so zusammenführen lassen. Bezogen auf die spezifischen erzieherischen Bedarfe der Familien sind in der SFB Erzieherinnen, Kinderkrankenschwestern, Heilpädagoginnen, Sozialarbeiterinnen, Sozialpädagoginnen, Diplompädagoginnen und Diplompsychologinnen beschäftigt, die alle über eine fachspezifische Weiterbildung verfügen. Wie hier deutlich wird, können durch die Organisation und durch die fachliche Ausgestaltung der erzieherischen Hilfe Familien pädagogisch betreut werden, die sich durch eine Vielzahl von (sich überlagernden) Problemen auszeichnen, die die komplette Bandbreite der Lernbedarfe umfassen – häufig geht es beispielsweise sowohl um basales (Ein-)Üben von Gewohnheiten und den Erwerb von häuslichen Routinen (Können-Lernen), um den Erwerb von Kenntnissen (Wissen-Lernen) als auch um die Rekapitulation der Lebensgeschichte mit dem Ziel, einen alternativen Lebensentwurf zu denken

und umzusetzen (Leben-Lernen). Dieser erzieherische (Lern-)Bedarf drückt sich zusammengefasst aus in einem
- Mangel an der Bewältigung der Erziehungsaufgabe
- Mangel an der Bewältigung von Alltagsproblemen
- Mangel an Versorgung und Alltagsstruktur
- Mangel an der Fähigkeit, Konflikte und Krisen zu lösen
- Mangel an der Bewältigung der Kontakte zu Ämtern und Institutionen (vgl. Caritasverband, 2007).

Zusammengefasst kann festgehalten werden, dass sich die SFB als erzieherische Hilfe hervorragend eignet, die problematische Familienpraxis, die zu einer Kindeswohlgefährdung geführt hat, als Ganze in den Blick zu nehmen und so Veränderungsoptionen in Aussicht zu stellen, die den Verbleib des Kindes bzw. der Kinder in der Familie potenziell ermöglichen. Ermöglicht wird dieser umfassende Blick auf die Familie durch die phasentypische Ausgestaltung der SFB. Zu Beginn steht eine systematisch durchgeführte pädagogische Diagnostik, die psychologische, medizinische und soziale Sichtweisen mit berücksichtigt. Hierauf folgt, wenn die entsprechende pädagogische Indikation gestellt werden kann, die intensive Betreuungsphase, die sich über zwei bis drei Jahre erstreckt. Hier schließt sich dann eine ebenso intensive, wenn auch zeitlich reduzierte Nachbetreuungsphase an, in der es dann um die Verselbständigung der Familie in ihrer eigenen Wohnung geht.

Durch das Zusammenwirken von Erziehung im realen Alltag der Familie und den ergänzenden fachpädagogischen Maßnahmen kann es gelingen, sowohl mehrfachbelastete Familien, auch mit sehr kleinen Kindern (bis hin zu Säuglingen), zu erreichen als auch Eltern ein pädagogisches Unterstützungsangebot zu unterbreiten, die sich als auf die Elternschaft bezogen lernbehindert darstellen. Im Grunde müssten diese Eltern und ihre Kinder solange pädagogisch betreut werden, bis sich die Kinder verselbständigen können. Zwar sind ja alle erzieherischen Hilfe und die Erziehung im Allgemeinen als Hilfe zur Selbsthilfe bzw. als anfängliche Fremdbestimmung, die dann in Selbstbestimmung übergeht, zu verstehen, doch darf nicht übersehen werden, dass es manchen Eltern, trotz guten Willens, nicht gelingt, die Fertig- und Fähigkeiten, das Wissen und die Haltungen zu erwerben, die unabdingbar sind, ein Kind gesund im Sinne der kindlichen (Lern-)Bedürfnisse zu erziehen.

Auch diese Eltern und Kinder bedürfen Hilfe, die sicherlich auf längere Dauer angelegt ist.

Praxisbeispiel

> Die aus Süditalien stammende 28-jährige Mutter von drei Kindern ist aufgrund von massiver Gewalt durch ihren Ehemann gewissermaßen auf der Flucht. Sie wechselt von Frauenhaus zu Frauenhaus und immer gelingt es dem Ehemann und Vater der Kinder, seine Frau ausfindig zu machen. Mögliche Hilfe durch das Jugendamt gestaltet sich außerordentlich schwer, weil *Frau Colari*, so der Name der Mutter, zum einen große Angst hat, dass ihr die Kinder weggenommen werden. Und zum anderen wissen viele Jugendämter gar nichts von der Familie und wenn, dann können die Mitarbeiter häufig den abrupten Umzug nicht nachvollziehen und verlieren so den Kontakt zur Familie. Die „Fluchtsituation" ändert sich erst dann bzw. spitzt sich krisenhaft zu, als Massimo, der älteste Sohn, eingeschult werden muss. Frau Colari ist somit gezwungen, an einem Ort zu verbleiben. Was auf den ersten Blick für Frau Colari als äußerst bedrohlich wahrgenommen wird, entwickelt sich für sie allerdings sehr positiv. Durch die sehr aufmerksame Klassenlehrerin von Massimo entsteht ein erster Kontakt zum Jugendamt. Der zuständige Sozialpädagoge baut diesen Kontakt behutsam aus und Frau Colari fasst Vertrauen zur Institution und zu dem Mitarbeiter. Deutlich wird in den Gesprächen, dass mit Hinblick auf die Kinder ein massiver erzieherischer Bedarf besteht. Massimo scheint den „Mann im Haus" übernehmen zu wollen und zeigt entsprechendes Verhalten auch in der Schule und gegenüber seiner Klassenlehrerin, die drei Jahre alte Silvia, das mittlere Kind, zeigt im Kindergarten ein völlig unausgeglichenes Verhalten, mal zieht sie sich ganz zurück, doch dann, wie aus „heiterem Himmel", zeigt sie ein aggressives Verhalten. Die zwei Jahre alte Isabel, das jüngste Kind, hat motorische Entwicklungsverzögerungen. Darüber hinaus ist die ganze Familie von ih-

ren „Fluchterfahrungen" gekennzeichnet. Insofern sieht der Jugendamtsmitarbeiter eine erste Hilfe im Bereitstellen von einer angemessen großen Wohnung. Da aber Frau Colari über kein Geld verfügt und sie sich verpflichtet fühlt, die Wohnung einzurichten, kauft sie in einem Versandhaus eine komplette Wohnungseinrichtung. Diese Aktion führt dazu, dass sie nun völlig überschuldet ist. Dem Sozialpädagogen wird klar, dass Frau Colari deutlich intensivere Unterstützung benötigt und regt die Aufnahme der Familie in einer SFB an. Mit Hilfe einer genauen intensiven diagnostischen Vorphase im Wohnraum des Trägers können fundierte Aussagen über den erzieherischen Bedarf der Kinder und der Mutter getroffen werden. So konnten zunächst die Scheidung vom Ehemann und eine kontinuierliche Besuchsregelung für die Kinder erreicht werden. Der Vater der Kinder war über die Scheidung gar nicht so unglücklich, weil er nun wieder heiraten wolle, da seine Freundin ein Kind von ihm erwarte. Auch konnte durch die schuldnerberaterische Kompetenz der SFB-Mitarbeiter ein Antrag auf Privatinsolvenz gestellt werden, der Frau Colari nun etwas finanziellen Spielraum ermöglicht. Massimo profitierte von den wöchentlichen Kindergruppen, da er hier sowohl die Möglichkeit zum Perspektivenwechsel hatte als auch die Möglichkeit, sich über seine Themen mit den andren Kindern unter der fachlichen Leitung einer Gruppenpädagogin auszutauschen. Auch Frau Colari konnte insbesondere aus der Hausgemeinschaft und den Elternrunden großen Nutzen ziehen. Durch die Gruppengespräche gelang es ihr, ihren Stand als Familienoberhaupt erstmals herzustellen und aufrechtzuerhalten. Die motorischen Entwicklungsverzögerungen von Isabel konnten motopädagogisch im Sinne einer Bewegungstherapie angegangen werden, die die ausgebildete Krankengymnastin und Motopädagogin anbieten konnte. Das problematische Verhalten der drei Jahre alten Silvia verlor sich mehr und mehr, je mehr die Familie zur Ruhe kam und sich verlässliche familiale Strukturen herausbildeten. Nach zwei Jahren konnte die Familie in eine eigene Wohnung umziehen und wird noch durch Mitarbeiter der SFB nachbetreut.

Sozialpädagogische Familienbetreuung ist dann pädagogisch angezeigt, wenn von einem hohen Grad an Kindeswohlgefährdung auszugehen, diese allerdings nicht akut gegeben ist. Zwar können zu Beginn der Maßnahme zum Beispiel körperliche Misshandlungen durch die Eltern vorgelegen haben, doch müssen die Eltern in der Lage sein, mit Hilfe der Pädagogen die Handlungen zu unterlassen. Ansonsten kann die Sozialpädagogische Familienbetreuung mit Hinblick auf die Kinder, Eltern und Gesamtfamilie eine Art der pädagogischen Unterstützungen leisten, die sich so in keiner anderen erzieherischen Hilfe realisieren lässt. Es ist die intensive Kombination von pädagogischen, pädagogisch-therapeutischen und sozialarbeiterischen Elementen auf der einen Seite und praktischer Alltagsunterstützung und Entlastung auf der anderen Seite, die die Wirksamkeit dieser erzieherischen Hilfeform ausmachen.

„Wenn es zu Hause gar nicht mehr klappt" – Vollstationäre Heimunterbringung

Verweisen die oben aufgezeigten Formen der Heimerziehung immer noch auf die Familie als Ganzes und sind die pädagogischen Bemühungen auf den Verbleib bzw. auf die Rückführung der Kinder in die Familie gerichtet, so zeichnet sich eine vollstationäre Heimerziehung dadurch aus, dass die Kinder mit Hinblick auf die Gefährdung des Kindeswohls aktuell nicht mehr in ihrer Herkunftsfamilie leben und, prognostisch betrachtet, wahrscheinlich auch zukünftig nicht in die Herkunftsfamilie zurückgeführt werden können. Die Kinder, die vollstationär in einem Heim erzogen werden, haben zumeist schon in ihrem jungen Alter bereits sehr belastende Lebenserfahrungen gemacht. Durch diese (frühen) Traumatisierungen bedingt, entwickeln diese Kinder nicht selten massive Störungen im Erlebens-, Verhaltens- und Leistungsbereich, die sich nicht selten auch als Persönlichkeitsentwicklungsstörungen zeigen.

Innerhalb dieser Form der Heimerziehung ersetzt das Heim die Familie und das vergangene Lebensumfeld des Kindes mit dem Ziel, dem Kind ein förderliches Umfeld zu bieten, in dem es sich nach seinen kindlichen Bedürfnissen entwickeln kann. Das Heim bietet einen strukturierten, sicheren Ort für die Kinder und in gleicher Weise muss es sich mit dem pädagogischen Personal verhalten. Kontinuität, Stabilität und Sicherheit muss diesen Kindern vermittelt werden. Neben der (förderlichen und therapeutischen) Strukturierung des Alltags kommt der entwicklungstherapeutischen und psychotherapeutischen Aufarbeitung der traumatischen Lebenserfahrungen und der gezielten Förderung in unterschiedlichen Förderschwerpunkten (Lernen, Sprache, emotionale und soziale Entwicklung, geistige Entwicklung) große Bedeutung zu. Die Kinder bleiben zumeist so lange im Heim, bis eine andere betreute Wohnform die Verselbständigung des Kindes bzw. dann des Jugendlichen besser zu Wege bringen kann. Stationäre Heimerziehung ist von der Kindeswohlgefährdung her betrachtet auf der gleichen Ebene wie Vollzeitpflege zu verorten. Nur trägt die Differenzierung bzw. die pädagogische Differentialindikation dem Entwicklungs- und Lernstand vor dem Hintergrund des Alters des Kindes Rechnung.

Praxisbeispiel

Die 8-jährige *Katrin* wird seit einem Jahr in einem heilpädagogischen Heim stationär betreut. Der Weg in die nun vollstationäre Betreuung – Katrin verbringt auch die Ferien im Heim – verlief über einen zunächst zeitlich befristeten Aufenthalt in der Diagnosegruppe des Heims. Das Jugendamt hatte, bedingt durch die Hinweise von Nachbarn der Familie, den Verdacht, dass Katrin massiver sexueller Gewalt ausgesetzt war. In Gesprächen mit den Eltern konnte erreicht werden, dass sie einer Aufnahme in die Diagnosegruppe des Heims zustimmten. Durch die Erzählungen und durch das Verhalten des Kindes konnte der Verdacht auf mehrfachen und fortdauernden sexuellen Missbrauch erhärtet werden. Zur psychologischen Diagnostik kamen auch kinderärztliche Befunde, die ebenfalls auf körperliche Misshandlungen hindeuteten. Die Eltern wurden mit den Vorwürfen konfrontiert, leugneten zunächst massiv, legten dann aber im weiteren Verlauf der polizeilichen Ermittlungen beide ein umfassendes Geständnis ab. Beschleunigt wurden die Geständnisse durch den Fund von umfangreichem Bildmaterial. Katrin war nicht nur den Übergriffen der Eltern, sondern auch noch denen von Bekannten ausgesetzt.

> Im Heim zeigt sich Katrin zunächst sehr traurig, dann aber mehr und mehr aggressiv. Es gelang den Mitarbeitern aber durch die Aufrechterhaltung einer personalen und räumlichen Kontinuität, die Inszenierungen der massiven Traumatisierungen des Kindes zu halten und auch auszuhalten. Unterstützt wurde die Alltagserziehung durch den psychologischen Dienst des Heims, sowohl mit Hinblick auf die Psychotherapie des Kindes als auch mit Hinblick auf interne Supervision der Mitarbeiter, die durch externe Supervision durch eine traumaerfahrene Kinder- und Jugendpsychiaterin ergänzt wurde. Die tägliche Erziehung, die sowohl deutlich fürsorgende als auch führende Aspekte beinhaltete, wurde also durch pädagogisch-therapeutische (insbesondere Biographiearbeit), freizeit- und erlebnispädagogische (Klettern und Kanu fahren) und psychotherapeutische (traumazentrierte) Maßnahmen ergänzt. So konnte es Katrin gelingen, sich zu stabilisieren und ihre Wut, aber auch ihre Trauer über den Verlust und das Versagen der Eltern zu äußern.

Vollstationäre Betreuung ist die Hilfe der Wahl, wenn eine Rückkehr des Kindes in seine Herkunftsfamilie definitiv aus Kindeswohlgesichtspunkten nicht mehr möglich ist, das Kind aber aufgrund seines Entwicklungsalters und den zu bewältigenden Lern- und Entwicklungsaufgaben mehr von der Gleichaltrigengruppe und von Pädagogen profitiert, die zur Fürsorge auch gleichermaßen Führung realisieren, als von einer familienähnlichen Wohnform, die strukturell dazu neigt, das frühere traumatische Beziehungsgefüge wieder aufleben zu lassen.

„Die Verselbständigung steht an" – Erziehung in einem Jugendwohnverbund

Schließlich soll noch abschließend auf eine bedeutsame Form der Heimerziehung eingegangen werden, die dann als erzieherische Hilfe angezeigt ist, wenn zum einen eine Rückführung des Kindes in die Herkunftsfamilie nicht mehr möglich ist und zum anderen das Kind das Jugendalter bereits erreicht hat. Ziel ist es dann, den Jugendlichen auf eine eigenverantwortliche und selbständige Führung des eigenen

Lebens – mit pädagogischer Unterstützung – vorzubereiten. Die Erziehung in einem Jugendwohnverbund, die sich sowohl als innen geleitete als auch als außen geleitete Wohngruppen realisieren kann, hebt darauf ab, den jungen Menschen in die Lage zu versetzen, die täglichen Alltagsbelange und die Herausforderung von Schule und Berufsausbildung zu bewältigen. Im Grunde geht es darum, gemeinsam mit dem jungen Menschen Lebensperspektiven zu entwickeln, diese auf ihre Realitätstauglichkeit und ihre Umsetzungsfähigkeit zu prüfen und schließlich Strategien zur Realisierung hervorzubringen. Insofern zielt diese erzieherische Hilfe eher auf das Leben-Lernen bzw. auf das Wollen des jungen Menschen ab. Themen aus den Lernbereichen Wissen und Können werden nur insoweit thematisch, als sie dafür notwendig sind, um den entwickelten Lebensentwurf zu realisieren. Häufig hat der Pädagoge beratende Funktion oder die Aufgabe, Informationen zur Verfügung zu stellen. Was dann allerdings der junge Mensch daraus macht, bleibt letztendlich ihm überlassen. Insofern ist die Erziehung in einem Jugendwohnverbund auf der einen Seite eine relativ „schwache" Form der erzieherischen Hilfe, da man es mit (fast) mündigen Menschen zu tun hat. Auf der anderen Seite liegt aber die Stärke dieser Hilfe gerade in ihrer Schwäche. Den jungen Menschen wird es – vielleicht zum ersten Mal – möglich, von sich aus Hilfe in Anspruch zu nehmen und diese Hilfe in einem gemeinsamen Diskurs mit den Pädagogen thematisch auszugestalten. Gerade der geringe „Zwangscharakter" der Hilfe ermöglicht deren Inanspruchnahme durch den jungen Menschen.

Praxisbeispiel

Mark ist 17 Jahre alt und kommt aus einem heilpädagogischen Schülerheim in die innen geleitete Wohngruppe. Marks Lebensgeschichte ist durchzogen von Gewalterfahrungen und dem Ausprobieren unterschiedlicher Drogen – wahrscheinlich, damit er die Situation zu Hause aushalten konnte. In der Folge geriet Mark mehrfach mit dem Jugendgericht in Kontakt. Er wird seit einem Jahr nicht mehr beschult, weil er seine Pflichtjahre abgeleistet hat, und verlässt die Schule ohne Abschluss. Der Wechsel in den Jugendwohnverbund wird von den Mitarbeitern des heilpädagogischen Heimes im Grunde sehr begrüßt, weil sie eigentlich mit Mark nicht mehr weiter wissen. Sowohl die Gruppe, die Gruppenerzieher, der Schulbeauftragte als auch die Psychologen haben sich außergewöhnlich um Mark bemüht, der diese Bemühungen aber, so schien es zumindest, nicht zur Kenntnis nahm.

Im Jugendwohnverbund allerdings zeigte sich Mark deutlich anders. Die mehr beratende und weniger fürsorgliche, aber dafür zumutende und herausfordernde Haltung der Pädagogen ermöglichte Mark, seine Ressourcen, die sich, so die Mitarbeiter des Heims, bislang nicht gezeigt haben, zur Darstellung und zur Entfaltung zu bringen. Mark fühlte sich mehr in seiner Eigenverantwortung angesprochen und konnte aus dieser Position viele wichtige Angelegenheiten regeln, die die Pädagogen im Heim zwar auch immer und immer wieder angesprochen hatten, Mark sich aber hier verweigerte. Erst die ernst gemeinte Haltung der Pädagogen in der Verselbständigungsgruppe ermöglichte Mark aus seiner widerständigen Position herauszutreten. „Du musst das für dich entscheiden. Ich kann dir zwar behilflich sein, doch irgend etwas machen musst du, sonst passiert eben dieses oder jenes" – es war diese hier skizzierte Grundhaltung, die zwar Unterstützung anbot, allerdings deutlich an die Eigenverantwortung von Mark und damit an sein erwachsenes Selbst appellierte, die Mark gut für sich verwenden konnte. Er war stolz darauf, dass er nun eine Schule gefunden hatte, an der er den Hauptschulabschluss nachholen konnte. In der Wohngruppe engagierte er sich für die Abstinenz von Drogen und Alkohol und wurde so zu einem respektierten und anerkannten Ansprechpartner für die anderen Jugendlichen.

Die erzieherische Hilfe im Rahmen einer Verselbständigungsgruppe zielt nun nicht mehr vordringlich auf die Familienerziehung, sondern hat zum einen im Sinne einer Nacherziehung die Schulerziehung und deren Thematiken und zum anderen die erzieherische Hilfe zur eigenverantwortlichen Lebensführung (Selbsterziehung) im Blick. (Lern-)Themen der Familien- und der Schulerziehung lassen sich zwar in dem

Maße, wie sie für die aktuellen Erfordernissen notwendig sind, aufzeigen, doch richtet sich der Fokus der Erziehungshilfe vielmehr auf die Bewährung als (angehend mündiger) Jugendlicher und (mündiger junger) Erwachsener angesichts der Lern- und Entwicklungsaufgaben, die das Leben in diesem Alter bereit hält.

4.2.8 Intensive Sozialpädagogische Einzelbetreuung

Das, was für die Verselbständigung im Rahmen der Erziehung in einem Jugendwohnverbund ausgeführt wurde, gilt inhaltlich in gleichem Maße auch für die Intensive Sozialpädagogische Einzelbetreuung (ISE). Dies ist gewissermaßen der letzte Versuch, einem jungen Menschen in erzieherischer Absicht zu helfen. Und zwar dann, wenn eine Erziehung in einem Jugendwohnverbund oder in anderen Formen betreuten Wohnens von Seiten des jungen Menschen abgelehnt wird. Die ISE hebt darauf ab, den jungen Menschen in einem intensiven ambulanten pädagogischen Rahmen doch noch zu einer eigenverantwortlichen Lebensführung zu befähigen, bei der der Integration in die Arbeitswelt durch Erlangen eines Schulabschlusses große Bedeutung zugesprochen wird. Häufig bewegt sich die erzieherische Arbeit in einem mehrdimensionalen Bedingungsfeld. So sind nicht selten die Agentur für Arbeit und auch Institutionen der Jugendgerichtshilfe maßgebliche Einflussfaktoren, die das Feld und den Erfolg der pädagogischen Bemühungen mit bestimmen. Das heißt demzufolge, dass der erzieherische Bedarf beim jungen Menschen in der Weise verortet werden kann, dass man ihm zutrauen muss, sein Leben im Sinne der Ethik der Eigenverantwortung auch eigenverantwortlich zu führen. Und dies dann auch mit allen Konsequenzen. Erziehung durch die ISE ist insofern in hohem Maße Hilfe zur Selbsterziehung. Und diese hat – zumindest was die ISE im Rahmen des Praxisfelds der „Hilfen zur Erziehung" anbelangt – eher konsultativen Charakter. Zwar kann die Hilfe auch verordnet werden, doch bei Nicht-Inanspruchnahme wird dann allerdings ein anderes gesellschaftliches System, nämlich das der Gerichtsbarkeit, für den jungen Menschen zuständig. Die Handlungsoptionen des Pädagogen zeichnen sich im Rahmen der ISE durch einen deutlichen Angebotscharakter aus und umfassen prinzipiell ebenso wie in den betreuten Wohnformen auch die Bereiche Wissen, Können und Leben, allerdings auch unter dem organisierenden Primat des Leben-Lernens, das in der Verantwortung der Selbsterziehung liegt. Werden die erzieherischen Angebote nicht wahrgenommen und kann unter Umständen nicht das gelernt werden, was die Lebenssituation des jungen Menschen erfordert – und Repräsentant dieser Forderungen ist in den meisten Fällen die Gesellschaft –, so ist dieser nicht selten mit den (gesellschaftlichen) Konsequenzen seines Nicht-Lernens konfrontiert. Und an dieser Stelle muss sich dann auch entscheiden, falls der junge Mensch keine eigenverantwortlich handelnde und gemeinschaftsfähige Persönlichkeit herausbilden konnte, welche gesellschaftlichen Teilsysteme nun in Aktion treten. Neben dem Bereich der Justiz und der Gerichtsbarkeit und der Arbeitslosenhilfe (SGB II und III), können ebenso, falls eine seelische Behinderung festgestellt werden kann, Angebote und Leistungen der Behindertenhilfe (SGB IX) relevant werden.

Praxisbeispiel

Die gerade 18 Jahre alt gewordene *Hannah* lebt zwar noch bei ihren Eltern, bewegt sich aber völlig außerhalb von familialen, schulischen und gesellschaftlichen Bezügen. Sie habe „keinen Bock" sich um irgendetwas zu kümmern, und mit der Sozialpädagogin der Intensiven Sozialpädagogischen Einzelbetreuung gäbe sie sich ja nur ab, so sagt sie gegenüber ihren Freunden, weil sie doch eine Wohnung brauche, jetzt, wo ihre Eltern die „Nase voll" hätten und sie raus werfen würden. Frau Wald, die Sozialpädagogin, knüpfte aber genau an diese von Hannah manifest geäußerte Bedürftigkeit an. „Wie kannst du es hinbekommen, in eine eigenen Wohnung zu ziehen, was brauchst du dafür und kann ich dir dabei behilflich sein", mit dieser Frage gelang es Frau Wald, ein begrenztes pädagogisches Arbeitsbündnis einzugehen, das zwar zunächst rein zweckorientiert war, doch eine Zusammenarbeit von Frau Wald mit Hannah ermöglichte. Durch die strikte Aufgabenorientierung: „Ich unterstütze dich dabei, eine Wohnung zu bekommen", die auch Erfolg zeigte, konnten nebenbei immer auch andere, für Hannah relevante Themen angesprochen werden. Und nach dem Bezug der eigenen Wohnung konnte Hannah die Bemühungen von Frau Wald anerkennen, so dass Hannah mit Unterstützung weitere Projekte in Angriff nehmen wollte. Für Hannah war es aber immer wichtig, keine allzu große Nähe zu Frau Wald aufkommen zu lassen, diese hätte sie wahrscheinlich als Gefahr empfunden. Und so musste zum einen Frau Wald immer auch wieder Zurückweisungen hinnehmen. Zum anderen aber konnten auf diesem Wege doch viele weiterführende Entscheidungen getroffen und auch umgesetzt werden.

Die Intensive Sozialpädagogische Einzelbetreuung (ISE) versucht, an der Stelle im Leben des Jugendlichen und jungen Erwachsenen noch eine individuelle und gemeinschaftsfähige Perspektive zu entwickeln, an der andere erzieherische Hilfen gescheitert sind. Es ist gewissermaßen die letzte Möglichkeit, als junger Mensch „Hilfen zur Erziehung" zur eigenständigen Lebensführung in Anspruch zu nehmen. Begreift der Gesetzgeber viele Schwierigkeiten, Probleme und Fehlhandlungen und -haltungen von jungen Menschen als Hinweis auf einen erzieherischen Bedarf, auf den dann erzieherische Hilfen antworten können, so markiert die ISE sowohl inhaltlich als auch formell einen Übergangsraum. Denn gelingt es dem Jugendlichen und jungen Erwachsenen auch mit Hilfe der ISE nicht, ein verantwortungsbewusstes und gemeinschaftsfähiges Leben zu führen oder wenigstens in den Blick zu nehmen, enden hier die erzieherischen Hilfen und andere gesellschaftliche Institutionen nehmen sich dann dem jungen Menschen an.

4.3 Synopse

Vergleicht man die pädagogisch ausformulierten „Hilfen zur Erziehung" miteinander, dann kann man mehrere wesentliche Strukturelemente, die in allen erzieherischen Hilfen vorkommen, erkennen.

Zunächst kann festgehalten werden, dass sich der erzieherische Bedarf bzw. der damit einhergehende Lernbedarf – beginnend mit der Erziehungsberatung bis hin zur Intensiven Sozialpädagogischen Einzelbetreuung – von den Erziehungsberechtigten immer mehr zum betreffenden Kind bzw. dann zum Jugendlichen verschiebt. Zielt Erziehungsberatung als Hilfe zur Selbsterziehung der Eltern auf einen elterlichen Lernprozess, so verweist die Intensive Sozialpädagogische Einzelbetreuung deutlich auf den Verantwortungsbereich des Jugendlichen bzw. jungen Erwachsenen. Dies muss auch nicht verwundern, weil im Normalfall die Adressaten der Hilfe – Eltern im Fall der Erziehungsberatung, junger Mensch im Fall der Sozialpädagogischen Einzelbetreuung – bereits mündige bzw. bereits angehende mündige Menschen sind. Die erzieherischen Hilfen, die zwischen Erziehungsberatung und Intensiver Sozialpädagogischer Einzelbetreuung angesiedelt sind, verweisen immer auf einen erzieherischen Bedarf der Eltern bzw. der gesamten Familie *und* auf einen der Kinder bzw. Jugendlichen. Und hier muss graduell unterschieden und entschieden werden, wie sich der erzieherische Bedarf in Art und Umfang äußert und wem er überwiegend zugeschrieben werden kann. Erst so kann begründet eingeschätzt werden, welche erzieherische Hilfe dem Bedarf am besten entspricht.

Damit verbunden ist ein weiterer Punkt. Der erzieherische Bedarf verweist auch immer auf den Grad der Kindeswohlgefährdung. Und auch hier kann angenommen werden, dass dieser von der Erziehungsberatung über die weiteren ambulanten, teilstationären und stationären Hilfen bis hin zur Intensiven Sozialpädagogischen Einzelbetreuung mit Hinblick auf die Gefährdungsmomente ansteigt. Das zeigt sich ja auch schon deutlich in der Hierarchisierung von ambulant, teilstationär und stationär. Aber auch die Hilfen, die direkt unter Vernachlässigung der Herkunftsfamilie auf den jungen Menschen zielen, gehen von einer massiven Gefährdung des Wohles des jungen Menschen aus, allerdings nicht so sehr als Folge einer Fremdgefährdung, sondern vielmehr als Ausdruck einer Selbstgefährdung.

Schließlich steigt mit den Hilfeformen auch die Intensität der erzieherischen Hilfe. Kommt Erziehungsberatung nicht selten mit wenigen Stunden aus, um ein Erziehungsproblem zu klären, so ist zum Beispiel die vollstationäre Unterbringung eines Grundschulkindes über 365 Tage ohne Frage quantitativ intensiver.

Gleichwohl darf man dem Trugschluss nicht erliegen, somit auch auf die Qualität der „Hilfen zur Erziehung" zu schließen und diese dann so miteinander zu vergleichen. Erziehungsberatung im Rahmen von fünf

Stunden kann für manche Eltern einen ebenso nachdrücklichen Eindruck hinterlassen haben wie Sozialpädagogische Familienhilfe über ein Jahr oder die Erziehung in einem Jugendwohnverbund. Das, was die erzieherischen Hilfen notwendiger Weise unterscheidet, ist der erzieherische (Lern-)Bedarf, auf den diese sehr spezifisch und differenziell zu antworten in der Lage sind. Das heißt auch, dass erzieherische Hilfen auf der Grundlage einer pädagogischen Diagnostik und Indikation zur Anwendung gebracht werden müssen und nicht aufgrund ökonomischer Überlegungen im Sinne von: Da machen wir erst einmal Erziehungsberatung, das kostet weniger! Das, was erzieherische Hilfen legitimiert, ist der Bedarf der Kinder, Jugendlichen und Eltern. Es käme ja auch nie jemand auf die Idee, einen klaffende Schnittwunde erst einmal mit Heilsalbe zu versorgen, weil diese billiger ist als die notwendige operative Versorgung, und dem Patienten dann zu sagen, er solle halt wieder kommen, wenn es nicht hilft. Im Bereich der ärztlichen Tätigkeit könnte hier mit Fug und Recht von einem Kunstfehler gesprochen werden. Muss der Arzt seine Heilmittel auf die Erkrankung seines Patienten begründet abstimmen, so bleibt dem Pädagogen auch nichts anderes übrig, als die ihm zur Verfügung stehenden Erziehungsmittel („Hilfen zur Erziehung") auf den Lernbedarf (erzieherischen Bedarf) seiner Edukanten (Klienten) abzustimmen.

"Hilfen zur Erziehung" in pädagogischer Hinsicht

"Hilfe zur Erziehung"	Erzieherischer Bedarf	Lernbedarf	Grad der Kindeswohlgefährdung, der die Hilfe notwendig macht	Intensität der Hilfe	Komplexe Zeigeformen
Erziehungsberatung	Erzieherischer Bedarf eher gering, kann bei den Eltern verortet werden	Hilfe zur Selbsterziehung der Erzieher, Eigenverantwortung der Eltern	Keine akute Kindeswohlgefährdung	Niederfrequente Hilfe	Beratung und Information Päd. Feld: Berater/Eltern
Soziale Gruppenarbeit	Erzieherischer Bedarf eher gering, kann mehr bei den Kindern/Jugendlichen verortet werden	Soziales Lernen, Führung	Keine akute Kindeswohlgefährdung	Niederfrequente, familien-ergänzende Hilfe	Information, Übung Päd. Feld: Gruppe
Erziehungsbeistand/Betreuungshelfer	Erzieherischer Bedarf mittelmäßig, kann beim Kind und den Eltern verortet werden	Themen aus den Bereichen Familien- und Schulerziehung, Fürsorge und Führung	Drohende Kindeswohlgefährdung	Kontinuierliche, mittelfrequente, familien-ergänzende Hilfe	Information, Unterricht, Erlebnis Päd. Feld: Kind, Eltern, Pädagoge
Sozialpädagogische Familienhilfe	Erzieherischer Bedarf ausgeprägt, kann bei der Familie verortet werden	Themen aus der Familienerziehung und der Selbsterziehung der Eltern	Mittelmäßiger bis hoher Grad an Kindeswohlgefährdung	Intensive mittel- bis hochfrequente, familien-ergänzende Hilfe	Information, Übung, Erlebnis, Beratung, Arrangement Päd. Feld: Familie und Pädagogen

„Hilfe zur Erziehung"	Erzieherischer Bedarf	Lernbedarf	Grad der Kindeswohlgefährdung, der die Hilfe notwendig macht	Intensität der Hilfe	Komplexe Zeigeformen
Erziehung in einer Tagesgruppe	Erzieherischer Bedarf ausgeprägt, kann beim Kind und den Eltern verortet werden	Themen aus der Familien- und Schulerziehung, Fürsorge und Führung	Hoher Grad an Kindeswohlgefährdung	Intensive familienergänzende Hilfe	Alle Formen, die zur Familien- und Schulerziehung nötig sind Päd. Feld: (Kinder-)Gruppe, Pädagogen, Eltern
Vollzeitpflege	Erzieherischer Bedarf des Kindes sehr hoch	Themen der Familienerziehung, Fürsorge	Hoher Grad an Kindeswohlgefährdung	Intensive familienersetzende Hilfe	Alle Formen der Familienerziehung Päd. Feld: Pflegefamilie
Heimerziehung, sonstige betreute Wohnform	Erzieherischer Bedarf des Kindes sehr hoch	Themen der Familien- und Schulerziehung, Fürsorge und Führung	Hoher Grad an Kindeswohlgefährdung	Intensive familienersetzende Hilfe	Alle Formen der Familien-, Schul- und Selbsterziehung Päd. Feld: Gruppe und Pädagoge(n)
Intensive Sozialpädagogische Einzelbetreuung	Erzieherischer Bedarf des jungen Menschen sehr hoch	Überwiegend Themen aus dem Bereich der Selbsterziehung	Hoher Grad an Selbstgefährdungspotential	Intensive Unterstützung	Formen der Selbsterziehung, Information Päd. Feld: Junger Mensch, Pädagoge

Abb. 15: Synopsis der „Hilfen zur Erziehung"

5

Abschließende Bemerkungen

Die „Hilfen zur Erziehung", die als Leistungen der Kinder- und Jugendhilfe im SGB VIII festgeschrieben sind, erweisen sich als ein ausgesprochen hilfreicher Rahmen für Kinder, Jugendliche und deren Familien, die in einen erzieherischen Notstand geraten sind. Von Bedeutung ist das Gesetz, wie bereits in der Einleitung (siehe Punkt 1) bemerkt, deswegen, weil hierin Erziehung und Bildung als gesellschaftliche Zentralwerte angesehen werden, ohne die der Einzelne *und* die Gesellschaft nicht auskommen können. Insofern gilt es, diesen Zentralwert (Erziehung und Bildung) gesellschaftlich zu schützen. Auf der anderen Seite konnte aber deutlich werden, dass der Gesetzgeber nur den Rahmen für erzieherische Hilfen geschaffen hat. Die Ausgestaltung muss von der sich dafür berufenen Disziplin vorgenommen werden. In den vorliegenden und hier zum Abschluss kommenden Überlegungen wurde das Wissen der Pädagogik als Disziplin und als Profession zu Grunde gelegt, um diese notwendige Ausgestaltung kohärent vorzunehmen. Der pädagogische Zugang wurde gewählt, nicht weil er sich besonders berufen fühlt, sondern weil er ganz einfach dafür zuständig ist. Und es scheint auch so zu sein, dass die Pädagogik in der Lage ist, den Gesetzesrahmen fachlich begründet inhaltlich zu füllen. Gleichwohl kann dies allerdings nur dann wirklich gelingen, wenn eine in Ansätzen stimmige und nachvollziehbare Theorie der Erziehung vorliegt (siehe Punkt 3). Ist dies der Fall, können die typisch juristischen Begriffe des SGB VIII in einem ersten Schritt pädagogisch (re-)formuliert werden (siehe Punkt 4). In einem zweiten Schritt ist es dann möglich, auch die spezifischen erzieherischen Hilfen pädagogisch zu fassen. Was an diesem Unterfangen so reizvoll ist, ist die Tatsache, dass so genuin *pädagogische* erzieherische Hilfen hervorgebracht werden können, mit dem nicht unbedeutenden Nebeneffekt, dass auch die Pädagogen nun aufgrund ihres Sonderwissensbestands über Erziehung ihre Zuständigkeit fachlich begründet und nachvollziehbar behaupten können.

Im Grunde geht es aber darum, den Kindern, die auf fürsorgliche und führende Erziehung angewiesen sind, diese zu ermöglichen. Es sind also die Bedürfnisse der Kinder und leider eben auch deren Nichtentsprechung durch die Eltern, auf die die erzieherischen Hilfen mit größter Sorgfalt und Verantwortung zu antworten haben.

Literatur

Antonovsky, Aaron (1997): Salutogenese: Zur Entmystifizierung der Gesundheit. Tübingen: DGVT-Verlag

Aristoteles (2003): Politik. Reinbek bei Hamburg: Rowohlt

Benner, Dietrich (2004): Erziehung. In: Benner, Dietrich; Oelkers, Jürgen (Hrsg.): Historisches Wörterbuch der Pädagogik. Weinheim/Basel: Beltz, 303–340

Benner, Dietrich; Oelkers, Jürgen (Hrsg.) (2004): Historisches Wörterbuch der Pädagogik. Weinheim/Basel: Beltz

Bion, Wilfred R. (2001): Erfahrungen in Gruppen und andere Schriften (3. Aufl.). Stuttgart: Klett-Cotta

Birtsch, Vera; Münstermann, Klaus; Trede, Wolfgang (Hrsg.): Handbuch Erziehungshilfen. Leitfaden für Ausbildung, Forschung und Praxis. Münster: Votum

Böhm, Winfried (1997): Über die Unvereinbarkeit von Erziehung und Therapie. In: Böhm, Winfried: Entwürfe zu einer Pädagogik der Person. Bad Heilbrunn: Klinkhardt, 169–189

Böhm, Winfried (2004): Geschichte der Pädagogik. München: C. H. Beck

Brazelton, T. Berry; Greenspan, Stanley I. (2002): Die sieben Grundbedürfnisse von Kindern. Weinheim/Basel: Beltz

Brezinka, Wolfgang (1978): Metatheorie der Erziehung (4. Auflage). München Basel: Ernst Reinhard Verlag

Bronfenbrenner, Urie (1981): Die Ökologie der menschlichen Entwicklung. Stuttgart: Klett-Cotta

Brumlik, Micha (2004): Advokatorische Ethik. Zur Legitimation pädagogischer Eingriffe (2. Aufl.). Berlin/Wien: Philo

Bundesministerium für Familie, Senioren, Frauen und Jugend (2002) (Hrsg.): Effekte erzieherischer Hilfen und ihrer Hintergründe. Stuttgart: Kohlhammer

Busemann, Adolf (1927): Pädagogische Milieukunde. Halle a. d. S.: Hermann Schroedel Verlag

Caritasverband Frankfurt (2007): Konzept und Leistungsbeschreibung „Sozialpädagogische Familienbetreuung"

Caritasverband Frankfurt (2009): Konzept und Leistungsbeschreibung „Heilpädagogische Wochengruppen"

Comenius, Johann Amos (2000): Große Didaktik. Stuttgart: Klett-Cotta

Ellinger, Stephan (2010): Jugendarbeit in Kooperation mit der Schule. In: Braune-Krickau, Tobias; Ellinger, Stephan (Hrsg.): Handbuch Diakonische Jugendarbeit. Neukirchen-Vluyn: Neukirchener Verlagsgesellschaft

Ellinger, Stephan (2010): Kontradiktische Beratung. Vom effektiven Umgang mit persönlichen Grenzen. Stuttgart: Kohlhammer.

Ellinger, Stephan (2011): Förderung bei sozialer Benachteiligung. Stuttgart: Kohlhammer

Fegert, Jörg M. (1999): Welches Wissen erleichtert dem Verfahrenspfleger die Kommunikation mit Kindern? In: Familie, Partnerschaft, Recht; 2. Jg., Heft 6, S. 321–327

Fertsch-Röver, Jörg (2007): Zur Struktur triangulärer Kompetenz beim Übergang zur Vaterschaft. Eine empirische Untersuchung anhand von Interviews werdender Väter. Vortrag zur Tagung „Objektive Hermeneutik" am 22. und 23. September 2007 in Frankfurt a. M.

Fink, Eugen (1970): Metaphysik der Erziehung. Frankfurt a. M.: Vittorio Klostermann

Frommann, Anne (2001): Pädagogik der Erziehungshilfen. In: Birtsch, Vera; Münstermann, Klaus; Trede, Wolfgang (Hrsg.): Handbuch Erziehungshilfen. Münster: Votum. 236–246

Fromann, Anne (2009): Pädagogik der Erziehungshilfen. In: Krause, Hans-Ullrich; Peters, Friedhelm (Hrsg.): Grundwissen Erzieherische Hilfen (3. Aufl.). Weinheim und München: Juventa, 89–100

Fuhr, Thomas (1999): Zeigen und Erziehen. In: Thomas Fuhr; Klaudia Schultheis (Hrsg.): Zur Sache der Pädagogik. Bad Heilbrunn: Klinkhardt. 109–121

Gehlen, Arnold (2003): Der Mensch – Seine Natur und seine Stellung in der Welt (14. Aufl.). Wiebelsheim: Aula

Göhlich, Michael; Wulf, Christian; Zirfas, Jörg (Hrsg.) (2007): Pädagogische Theorien des Lernens. Weinheim/Basel: Beltz

Goffmann, Ervin (1973): Asyle. Über die soziale Situation psychiatrischer Patienten und anderer Insassen. Frankfurt a. M.: Suhrkamp

Hechler, Oliver (2010): Pädagogische Beratung. Theorie und Praxis eines Erziehungsmittels. Stuttgart: Kohlhammer

Heidegger, Martin (2006): Der Satz vom Grund (9. Aufl.). Stuttgart: Klett-Cotta

Herbart, Johann Friedrich (1806): Allgemeine Pädagogik aus dem Zwecke der Erziehung abgeleitet. In: Dietrich Benner (Hrsg.) (1997): Johann Friedrich Herbart. Systematische Pädagogik. Weinheim: Beltz, 57–158

Honsal, Claudio J. (2009): Für die Kinder dieser Welt. München: Kösel

Jordan, Erwin (2005): Kinder und Jugendhilfe. Einführung in die Geschichte und Handlungsfelder, Organisationsformen und gesellschaftlichen Problemlagen (2. Aufl.). Weinheim und München: Juventa

Jugendamt der Stadt Nürnberg: Der Hilfeplan nach § 36 SGB VIII. www.sgbviii.de/S.30.html (25.01.2011)

Jacob, André; Wahlen, Karl (2006): Das Multiaxiale Diagnosesystem Jugendhilfe (MAD-J). München/Basel: Ernst Reinhardt Verlag

Kant, Immanuel (1878): Über Pädagogik. Langensalza: Hermann Beyer & Söhne

Kant, Immanuel (1975): Vorlesungen über Moralphilosophie. Berlin: Walter de Gruyter

Krause, Hans-Ullrich (2009): Ein Fall für Erziehungshilfe. In: Krause, Hans-Ullrich; Peters, Friedhelm (Hrsg.): Grundwissen Erzieherische Hilfen (3. Aufl.). Weinheim und München: Juventa, 35–63

Loch, Werner (1998): Entwicklungsstufen der Lernfähigkeit im Lebenslauf. In: Brödel, Rainer (Hrsg.): Lebenslanges Lernen – lebensbegleitende Bildung. Neuwied: Luchterhand, 91–109

Loch, Werner (1999): Der Lebenslauf als anthropologischer Grundbegriff einer biographischen Erziehungstheorie. In: Krüger, Heinz-Hermann; Marotzki, Winfried (Hrsg.): Handbuch erziehungswissenschaftliche Biographieforschung. Wiesbaden: Leske Budrich, 69–88

Mansfeld, Jaap (2007): Anaxagoras. In: Mansfeld, Jaap: Die Vorsokratiker II. Stuttgart: Reclam, 156–229

Meyer-Drawe, Käte (2008): Diskurse des Lernens. München: Wilhelm Fink

Maslow, Abraham H. (1981): Motivation und Persönlichkeit. Hamburg: rororo

Mitgutsch, Konstantin; Sattler, Elisabeth; Westphal, Kristin; Breinbauer, Maria (Hrsg.) (2008): Dem Lernen auf der Spur. Die pädagogische Perspektive. Stuttgart: Klett-Cotta

Möckel, Andreas (2007): Geschichte der Heilpädagogik (2. Aufl.). Stuttgart: Klett-Cotta

Mollenhauer, Klaus; Uhlendorff, Uwe (2000): Sozialpädagogische Diagnosen. Bd. 2: Selbstdeutungen verhaltensschwieriger Jugendlicher als empirische Grundlage für Erziehungspläne (2. Aufl.). Weinheim: Juventa

Mollenhauer, Klaus; Uhlendorff, Uwe (2004): Sozialpädagogische Diagnosen. Bd. 1: Über Jugendliche in schwierigen Lebenslagen (4. Aufl.). Weinheim: Juventa

Moor, Paul (1962): Die Bedeutung des Spiels in der Erziehung. Bern: Verlag Hans Huber

Moor, Paul (1969): Kinderfehler Erzieherfehler. Bern/Stuttgart: Hans Huber

Moor, Paul (1974): Heilpädagogik (3. Aufl.). Bern/Stuttgart/Wien: Hans Huber.

Oelkers, Jürgen (2004): Erziehung. In: Benner, Dietrich; Oelkers, Jürgen (Hrsg.): Historisches Wörterbuch der Pädagogik. Weinheim/Basel: Beltz, 303–340

Petermann, Franz (Hrsg.) (2002): Fallbuch der Klinischen Kinderpsychologie und -psychotherapie (2. Aufl.). Göttingen/Bern/Toronto/Seattle: Hogrefe

Peters, Friedhelm (Hrsg.) (1999): Diagnosen – Gutachten – hermeneutisches Fallverstehen. Frankfurt a. M.: IGfH

Platon (1994): Menon. Stuttgart: Reclam

Platon (2006): Politeia. In: Sämtliche Werke, Bd. 2. Reinbek bei Hamburg: Rowohlt, 195–538

Plessner, Helmuth (1975): Die Stufen des Organischen und der Mensch. Einleitung in die philosophische Anthropologie (3. Aufl.). Berlin: De Gruyter

Prange, Klaus (1997): Neue Medien und alte Didaktik. In: Apel, Hans Jürgen; Koch, Lutz (Hrsg.): Überzeugende Rede und pädagogische Wirkung. Weinheim: Juventa, 129–146

Prange, Klaus (2004): Form. In: Benner, Dietrich; Oelkers, Jürgen (Hrsg.): Historisches Wörterbuch der Pädagogik. Weinheim/Basel: Beltz, 393–408

Prange, Klaus (2005): Die Zeigestruktur der Erziehung. Grundriss der Operativen Pädagogik. Paderborn: Ferdinand Schöningh

Prange, Klaus (2008): Formen des Erziehens in Geschichte und Gegenwart. In: Mertens, Gerhard; Frost, Ursula; Böhm, Winfried; Ladenthin, Volker (Hrsg.): Handbuch der Erziehungswissenschaft Band I. Paderborn/München/Wien/Zürich: Ferdinand Schöningh, 939–958

Prange, Klaus (2010): Die Ethik der Pädagogik. Zur Normativität erzieherischen Handelns. Paderborn: Ferdinand Schöningh

Prange, Klaus; Strobel-Eisele, Gabriele (2006): Die Formen des pädagogischen Handelns. Stuttgart: Kohlhammer

Roth, Heinrich (1971): Pädagogische Anthropologie. Bildsamkeit und Bestimmung (3. Aufl.). Hannover: Hermann Schroedel Verlag

Literatur

Ruhe, Hans G. (2003): Methoden der Biografiearbeit (2. Aufl.). Weinheim/Basel Berlin: Beltz

Schipperges, Heinrich (1991): Medizin an der Jahrtausendwende. Frankfurt a. M.: Knecht

Schleiermacher, Friedrich (1826): Die Vorlesungen aus dem Jahre 1826. In: Weniger, Erich (Hrsg.) (1983): Pädagogische Schriften 1. Frankfurt a. M./Berlin/Wien: Klett-Cotta, 1–370

Schleiermacher, Friedrich (1959): Ausgewählte Pädagogische Schriften. Besorgt von Ernst Liechtenstein. Paderborn: Ferdinand Schöningh

Seithe, Mechthild (2001): Praxisfeld: „Hilfen zur Erziehung". Fachlichkeit zwischen Lebensweltorientierung und Kindeswohl. Opladen: Leske Budrich

Strobel-Eisele, Gabriele (2008): Fehlformen des Erziehens. In: Mertens, Gerhard; Frost, Ursula; Böhm, Winfried; Ladenthin, Volker (Hrsg.): Handbuch der Erziehungswissenschaft Band I. Paderborn/München/Wien/Zürich: Ferdinand Schöningh, 989–1008

Strotzka, Hans (1975) (Hrsg.): Psychotherapie. München: Urban & Schwarzenberg

Sünkel, Wolfgang (2011): Erziehungsbegriff und Erziehungsverhältnis. Allgemeine Theorie der Erziehung, Band 1. Weinheim und München: Juventa

Tenorth, Heinz-Elmar (Hrsg.) (2003): Klassiker der Pädagogik, Band 1. München: C. H. Beck

Trede, Wolfgang (2009): Was sind erzieherische Hilfen? In: Krause, Hans-Ullrich; Peters, Friedhelm (Hrsg.): Grundwissen Erzieherische Hilfen (3. Aufl.). Weinheim und München: Juventa. 15–34

Tschuschke, Volker (Hrsg.) (2010): Gruppenpsychotherapie. Von der Indikation bis zu Leitungstechniken. Stuttgart/New York: Thieme

Uhlendorff, Uwe (2010): Sozialpädagogische Diagnosen. Bd. 3: Ein sozialpädagogisch-hermeneutisches Diagnoseverfahren für die Hilfeplanung (3. Aufl.). Weinheim: Juventa

Urban, Ulrike (2004): Professionelles Handeln zwischen Hilfe und Kontrolle. Sozialpädagogische Entscheidungsfindung in der Hilfeplanung. Weinheim und München: Juventa

Weber, Erich (Hrsg.) (1971): Der Erziehungs- und Bildungsbegriff im 20. Jahrhundert. Bad Heilbrunn/Obb.: Julius Klinkhardt

Winkler, Michael (2001): Auf dem Weg zu einer Theorie der Erziehungshilfen. In: Birtsch, Vera; Münstermann, Klaus; Trede, Wolfgang (Hrsg): Handbuch Erziehungshilfen. Münster: Votum, 247–281

Wnuk-Gette, Gisal; Gette, Werner P. E. (2002): Systemische Familienberatung/Familientherapie mit mehrfach belasteten Familien im Kontext sozialer Dienste. In: Wirschung, Michael; Scheib, Peter (Hrsg.): Paar- und Familientherapie. Berlin/Heidelberg/New York: Springer, 621–640

Ziegenhain, Ute; Fegert, Jörg M. (2008): Kindeswohlgefährdung und Vernachlässigung (2. Aufl.). München: Ernst Reinhardt Verlag

Zirfas, Jörg (2007): Das Lernen der Lebenskunst. In: Göhlich, Michael; Wulf, Christian; Zirfas, Jörg (Hrsg.): Pädagogische Theorien des Lernens. Weinheim: Beltz, 163–175

Zöllner, Ulrike (1997): Die armen Kinder der Reichen. Zürich: Kreuz Verlag

Verwendete Gesetzestexte

GG Grundgesetz – Verfassung für die Bundesrepublik Deutschland
SGB II Sozialgesetzbuch – Grundsicherung für Arbeitssuchende
SGB III Sozialgesetzbuch – Arbeitsförderung
SGB V Sozialgesetzbuch – Gesetzliche Krankenversicherung
SGB VIII Sozialgesetzbuch – Kinder- und Jugendhilfe
SGB IX Sozialgesetzbuch – Rehabilitation und Teilhabe behinderter Menschen

Oliver Hechler

Pädagogische Beratung

2011. 172 Seiten. Kart.
€ 15,80
ISBN 978-3-17-021099-8

Fördern lernen, Band 10

Die Beratung hat im Rahmen pädagogischer Berufstätigkeit erheblich an Bedeutung gewonnen. In allen professionellen Feldern hat Beratung als Mittel der Erziehung deutlich expandiert. Der Band unternimmt den Versuch, Beratung als Form pädagogischen Handelns erziehungstheoretisch zu begründen und erziehungspraktisch auszuformulieren. Beratung wird so zu einem Erziehungsmittel unter anderen, und der Pädagoge kann Pädagoge bleiben und muss im Beratungsfall nicht zu einem „kleinen" Therapeuten werden. Der Band liefert ganz konkret und praktisch einen Orientierungsrahmen und Leitfaden für den beratenden Pädagogen. Fallbeispiele aus unterschiedlichen Kontexten geben einen Einblick, wie in unterschiedlichen Feldern und Settings pädagogisch beraten werden kann.

▶ www.kohlhammer.de

W. Kohlhammer GmbH · 70549 Stuttgart
Tel. 0711/7863 - 7280 · Fax 0711/7863 - 8430